30th 水陸紀念版

時間與空間的旅行

法界聖凡 水陸普度 大齋勝會

靈鷲山水陸研究編纂小組 編著

目錄 CONTENTS

水陸墨儀序

戒德

九款植福消災延壽超薦亡靈，請僧誦經拜懺，必須虔誠恭敬，

方可獲得感應。昔梁武帝，因郗氏娘之在世，造種之罪業，墮

蟒三寶見，死後墮入蟒蛇之身，痛苦非常，夜向託夢，向梁

武帝求救，武帝詔見寶誌公禪師，會同翻閱大藏經，編撰水

陸施食儀文，並向佛前禱告，若此儀文不違佛法正義，則燈燭不

燃自明，否則若或違反佛法正義，則黑暗如視。於是一禮全堂

燈燭，大放光明，再禮，則大地震動，乃在鎮江金山修建水陸

大齋，由此功德，郗氏娘之獲脫蟒蛇身，騰空申謝，往生淨土。從此流傳

迄今，弘揚不絕，感應非常。無生通場擇驟水陸儀文，

編印流通，邀我作序，為此墨，述水陸因緣感應耳。

戒德老和尚序
水陸略儀序

　　凡欲植福消災延壽，超薦先亡，請僧誦經拜懺，必須虔誠恭敬，方可獲得感應。昔梁武帝，因郗氏娘娘在世造種種罪業，毀謗三寶，死後墮入蟒蛇之身，痛苦非常，夜間託夢，向梁武帝求救。武帝詔見寶誌公禪師，會同翻閱大藏經，編撰水陸施食儀文，並向佛前禱告，若此儀文不違佛法正義，則燈燭不燃自明，否則，若或違反佛法正義，則黑暗如初。於是一禮，全堂燈燭大放光明，再禮，則大地震動，乃在鎮江金山修建水陸大齋，由此功德，郗氏娘娘獲脫蟒蛇身，騰空申謝，往生淨土。從此流傳迄今，弘揚不絕，感應非常。無生道場擇錄水陸儀文，編印流通，邀我作序，為此略述水陸因緣感應耳。

戒德老和尚於圓寂前一年（2010 年）在靈鷲山水陸梁皇大壇說法。

為紀念戒德老和尚，2011 年迎請其毗盧法帽及法身舍利至靈鷲山水陸現場。

心道法師序
以小向大護眾生，天地萬物皆一家

今年是靈鷲山開山四十年，一路走來，匯聚大家的善緣願力，完成很多志業，尤其已經連續舉辦三十年的水陸法會，更是我們靈鷲人津津樂道的共同記憶。

打了三十年的水陸，感謝大家這麼多年來的發心，一起成就這一條冥陽兩利的悲願大道。很開心每年的水陸法會都能看到大家從世界各地用心聚集在一起，像是全球靈鷲人回娘家、回到心的家，以正念、莊嚴的心，精進於這個拔苦予樂的解脫法門，將十法界眾生相應連結到水陸的莊嚴淨土。

水陸法會緣起於一千五百多年前的梁武帝，承繼佛陀的示教、觀音菩薩的大悲願力，靈鷲山在 1994 年啟建第一場的水陸法會，開啟佛教三乘圓滿的典範，也將水陸打造成學習的過程，學習解脫與清淨自心，洗滌無始以來的各種塵垢，培養慈悲心，尊重生命，與一切有形、無形的眾生結下善緣。

除了法會期間的學習，平時的精進也很重要。為了讓大家深入明白佛陀的示教，我們規劃了「四期教育」：〝阿含、般若、法華、華嚴〞。〝阿含〞是一個基礎、〝般若〞是一個般若思想的通路，然後在〝法華〞發起菩提心，建立起〝願成佛、度眾生〞的願力，種下成佛的種子，一切種子都有成佛的基因，每一個地方都是基因，而華嚴就是我們發了菩提心的成果，把菩提心的因跟果同時呈現就是華嚴。所以華嚴世界就是種子的世界，整個世界遍滿種子跟花朵，彼此之間是多元共生、相依共存，這個就是華嚴；因是法華，果是華嚴！我們依著這個次第來學習，開啟解脫智慧，找到生命的價值，也就是「生命奉獻生命、生命服務生命」，一步步走上成佛的大道。

　　目前世界失去了靈性的清淨純善，地球資源不斷被消耗，生態遭到破壞，造成氣候異常，各種災難不斷，再再凸顯出相依共存的重要性。人類與生態是生命共同體，只有互相尊重、包容與博愛，這樣才能互濟共生。所以，人類的心要覺醒，要重視「靈性生態」的教育，透過靈性上的改變，停止掠奪與對立，讓生態與靈性合一，才有可能做到世界和平，這正是我們「四期教育」想要達成的目標，也是每年在水陸法會上要學習的重點，與萬物和諧共處，世界才能永續，人類才會有美好的未來。

　　我們還要繼續努力，將佛法的智慧以及水陸法會的殊勝分享給更多人。希望大家在日常生活中都不離開佛法，繼續跟著水陸法會這艘救度的大船前行，生生世世走在菩薩道，為利眾生而成佛！阿彌陀佛！

但願法長久，千年共水陸

一晃眼，三十年過去了，一切別來無恙⋯⋯

一句輕聲的問候，是否就已勾起心中的千滔駭浪。三十年的光陰，該有多少的變化？既有世代交替，更有生死流轉。當年牙牙學語的小孩如今早已過了而立之年，當年憂心的親友是否依然安好？甚至在忙忙碌碌半甲子後，是「三十功名塵與土」[1]的感嘆？還是已達「採菊東籬下，悠然見南山」[2]的悠然與釋懷？又或者，還會在夜裡默默流下相思或懊悔的眼淚⋯⋯

慈悲的眼淚閃閃發光

眼淚是種宣洩，是情感的流露，雖然是苦，但眼淚也能化作力量，成為大慈，還有大願。

在《一切如來心祕密全身舍利寶篋印陀羅尼經》中，當佛陀見到古寶篋印塔崩塌時，忍不住流淚，然後又再度微笑。經文道：「爾時世尊禮彼朽塔右遶三匝，脫身上衣用覆其上，泫然垂淚涕泗交流，泣已微笑。當爾之時，十方諸佛皆同觀視亦皆泣淚，俱放光明來照是塔。」[3]不僅佛陀落淚，十方諸佛看到後也落淚，可見這是一件多麼嚴重的事情！佛陀之所以垂淚，是因為知道「該塔是具足無量福祉的源頭，但眾生無知，任其荒廢，從而錯失美好的福氣因緣。」[4]佛陀的眼淚是

1　出自宋代岳飛的《滿江紅·寫懷》。

2　出自魏晉陶淵明的《飲酒·其五》。

3　出自《一切如來心祕密全身舍利寶篋印陀羅尼經》，唐·不空譯。CBETAT1022A，no.1022A，p.7。

4　原文出自《唯信——心道大和尚水陸開示集》一書，「當時佛在應供途中，見到一塊廢土堆，佛頂禮且放光哭泣，因為廢土堆裡頭的塔，是具足無量福祉的源頭，佛憐憫眾生無知，把它荒廢當作蔽屣，而錯失美好的福氣因緣。」p.70。

大慈與大悲，是為了眾生而落。然後，佛陀當下立刻為眾生開示正法，將眼淚化為法語滋養芸芸眾生。

又，根據《度母本源記》記載，觀世音菩薩在無量劫前，早已救度了無數眾生，但某日發現六道受苦的眾生依舊難以數計，於是頓生悲憫，落下清淚，眼淚隨即化成蓮花，旋而變成了綠度母，之後又化現二十一尊度母，繼續來救度眾生。眼淚，不是示弱，而是力量與決心的展現。當眼淚滑過菩薩的臉龐，那椎心的痛是否喚醒我們深埋的記憶？是否感受到那溫暖的大愛將我們緊緊擁抱？

靈鷲山開山住持心道法師就接收到這樣的感召。在他的回憶中，當他首次聽到觀世音菩薩的聖號，「**心中大喜又大悲，不由自主地流下熱淚，彷彿為長久追尋的生命問號偵測到了目標。**」[5] 隨後，心道法師還在心中立誓，奉觀世音菩薩為上師，更戲稱自己是「觀世音菩薩的僕人」。同樣是眼淚，卻是滾燙炙熱的情懷，以及生生世世為眾生奉獻心力的大願，也為日後靈鷲山的各項志業埋下菩提種子。

不僅如此，還有來自眾生的眼淚。心道法師在墳塚間苦行時，就感應到幽冥界眾生的痛苦，他曾描述：「**我在墳場修行時，彷彿聽到有哭聲、叫聲，經常會吵到我。那個哭聲很奇怪，…會像針一樣刺你的耳朵，這樣用鑽的，鑽得痛得要死。**」[6] 心道法師因此發願在未來有所成就後，一定會超度他們！幾年後，心道法師信守承諾，從圓滿施食做起，爾後擴大為更殊勝的水陸空大法會！

從此眼淚成為力量，依著大願，上承千年古法，下利六道眾生，帶領著我們一起走上自利利他的菩薩道。

5　節錄自《靈鷲山外山──心道法師傳》，p.41。
6　節錄自《明心不昧》，p.18-19。

三十水陸種菩提，萬千大願盡慈悲

凡是無私的大願，都能結成美麗的善果！尤其，感謝有大家的願，才能成就這些年所有的一切。心道法師說：「**我是用感恩的心在做，因為很多六道眾生是我們的父母、我們歷代的祖先、冤親債主，都是跟我們息息相關的，他們能夠離苦得樂，就是我們最大的幸福。**」[7] 因為這份感恩及慈悲，還有大家心中的不捨、虔誠懺悔，以及禮敬諸佛，於是讓靈鷲山水陸空大法會日益茁壯，直到如今成為廣大信眾心中不可或缺的年度佛教勝事。

遙想 1994 年第一場靈鷲山水陸空大法會的盛況，內壇會場被信眾擠得水洩不通，外壇人潮同樣川流不息。法會中不但為當年在浙江省千島湖事件罹難者設立公益超薦牌位，更希望藉法會功德淨化人心，於是安排現場所有人為全國人民點燈祈福，一同祈禱國家安定、民生樂利。如此感動人心的體驗，讓水陸法會的殊勝意涵開始流入人心。

水陸法會的殊勝之處，在《水陸儀軌會本》中記載：「齋法之備，振絕古今，當莫有過於此者。罄法界、等凡聖，即水陸空行，一切有生，悉舉而普度之。……既飽以食，又施以法。」[8] 心道法師也依此做了闡釋：「我們作了水陸法會的超度，超度我們內心的祖先、超度無始以來的殺生也是不少，冤冤相報何時了，所以我們在超度裡面，一了百了。」[9]

不僅如此，靈鷲山首座了意法師也做了延伸：「大家超度，就是跟這些亡魂結很深、很廣、累世累劫的緣，大家的福報就是由此而來。觀想力若大，心量就會大，心量若大，就可以包含一切的眾生，是在提升自己，也成就更多的福報。因此，大家要常把自己的心量擴大，拜懺，就是不要分別地為過去、現在、未來

7　節錄自《明心不昧》，p.19。
8　出自《水陸儀軌會本》，梁誌公大師等撰／明雲棲袾宏補儀。
9　節錄自「1994年水陸法會圓滿茶會開示」，09/21/1994。

同時具足的一切宇宙眾生與一切法界眾生禮拜。」[10] 在拜懺與禮佛的當下，全然拋棄小我利益，全心全意地實踐菩提心，將法會所產生的力量回小向大，利益更多有情眾生。

利他的方式眾多，心道法師也為大家安排好影響力廣大且深遠的行動方案：共同創建一座世界宗教博物館！他當年就提到：「**宗博館在幹什麼呢？為了我們社會的和諧安寧，時時是好時，日日是好日，讓每個人都有美好的人生，我們就作這個博物館的推展，博物館是我們臺灣的國際公關。**」[11] 如此宏大的遠見以及世界觀，即使在三十年後的今日來看，依舊是超越時代。更讓水陸法會開展出實際的大願行。

創新入世方為貴，法禮相傳亦為真

除了傳承千年水陸的殊勝意義與佛事儀軌之外，靈鷲山的水陸法會還增添不少新意。心道法師曾指示兩種差異：「**第一個是宗教藝術的展現，另一個是宗教教育的意義。**」[12] 為了與時代接軌，每年法會都非常用心地結合世界趨勢或關注的議題，規劃出不同的主題來為社會大眾祈福。

第二屆的水陸法會主題就以終戰五十年的紀念為主，為過去來往兩岸的罹難亡魂，舉辦盛大的超度安魂法事；期間還舉辦「生活藝術大展」，讓佛法更加親近群眾。有鑑於該次的成功，自此開創在桃園巨蛋舉辦水陸法會的傳統，更成為當地民眾在每年農曆七月時關注的焦點。

接下來每年依舊秉持創新，1996 年以關懷家庭為主，隔年則舉辦「心靈禪藝術」系列活動，99 年與桃園縣政府合辦「桃園淨土／中元藝術祭」，呈現 21 世紀「新

10　節錄自《擺渡——讓心與水陸相應》一書，p.110。
11　節錄自「1994年水陸法會圓滿茶會開示」，09/21/1994。
12　節錄自「水陸最大特色，宗教藝術揉和教育」一文，《有緣人107期》，2003年7月出刊。

普度」的精神。2001 年提出「e 世紀生靈普度」概念，讓法會結合資訊與現代科技，打破距離的隔閡；2003 年因為適逢水陸法會十周年，不但舉辦特展，還迎來泰王特贈的成功佛，並盛大舉行「成功佛披袈裟、揭眼」儀式，祈求臺灣國泰民安。這些年的創新，不但有心道法師的期許，靈鷲山當家常存法師也表示：「每年不同的法會呈現，可以說是以佛教的藝術來訴說佛法。」[13] 透過每一年的努力，來達到宗教教育的意義。

地球一家大融合，福慧並重印菩提

二三十年來不斷走在自利與利他之路上，靈鷲山水陸法會從各種面向來啟發人心。2005 年首次從馬來西亞恭迎佛陀、五比丘、十大弟子、羅漢尊者等五十種最完整的舍利子來台展出，實為當年佛教界中一大勝事。2007 帶入心靈環保議題，提倡身體力行來愛地球；2008 年到 2012 年的主題都圍繞在關懷地球上，不僅關注我們個人身心，更希望整個地球都能受到妥善的對待。

心道法師在 2009 年水陸法會中開示：「水陸法會啟建至今，靈鷲山的四眾弟子始終依循著『慈悲與禪』的宗風，實踐『傳承諸佛法、利益一切眾、共創愛與和平、地球家』的使命，多年來雖然艱苦，但我們的信心愈發堅固，我們的願力也愈發增長，並能以『正面、積極、樂觀』的精神，承擔利他服務的傳承工作。」[14] 利他才是最重要的核心價值，透由法會共振出善的能量，在潛移默化中，持續增長眾人的菩提願心。

力行菩薩道的「靈鷲山護法會」就是最佳的典範。其成立之善因，是在心道法師的慈悲願力加持下，加入信眾無私奉獻的擁護。這些護法菩薩不但無畏艱難，更是屢屢挑戰不可能的任務，並見證菩提願心既起，就能勢如破竹、銳不可擋。如同常存法師對大家的勉勵：「每天我們都有新的衝擊、新的挑戰，面對處理不

13　節錄自「水陸最大特色，宗教藝術揉和教育」一文，《有緣人107期》，2003年7月出刊。
14　節錄自《唯信──心道大和尚水陸開示集》一書，p.77。

完的人、事、物，大家卻能互相包容、彼此鼓勵、真心對待。二十年來，「護法會」每一位成員，都化身為千手千眼觀世音菩薩，在這個成佛的大煉爐裡，我們一起加油！『眾生度盡，方證菩提』！」[15]這些菩薩毫無怨尤的付出，讓水陸法會擴展出更多的影響力。

除了各種創新的議題，水陸法會最重要的使命之一還是在於佛法智慧的傳承。這麼多年經常迎請南傳的多位方丈與法師前來主法與說法，讓大家在佛法修行上更加精進與深入理解。心道法師在 2017 水陸法會中提到：「靈鷲山水陸還有一個很重要的傳承，就是『法供養』來攝受眾生，每堂佛事之前說明法會儀軌的意義與作用，幫助大家觀照修行，使當下的心念能夠清楚連結經典文字的聖言量，以及儀軌壇城的表徵意涵，導航眾生能轉識成智，…這就是拜佛禮懺、修齋供養最終的目的，也正是諸佛代代相傳，付囑流通的大菩提心印。」[16]透由佛法的洗禮，讓參與者有了更完整的啟發與學習。

每次回顧水陸法會，總能想到難以計數的收穫，而那些美好的回憶，都隨著法會上唱誦的梵音迴盪在不同的時空當中，持續散發著力量，讓往昔所造諸惡業逐一獲得和解，也為此後諸多善果積聚美好的陽光、空氣與水。

法會新猷貫千里，一抹微笑永留芳

正因如此，即使在 2021 年遇到新冠疫情最嚴重的衝擊，也不會澆熄大家對水陸法會的信心與渴求。靈鷲山在幾經評量之後，做出「萬事皆可等，只有水陸不可等」的決定，首次將水陸法會改以「線上水陸閉關法會」方式進行，在靈鷲山總本山以二十一天的時間來舉辦此法筵盛會，讓法會突破困境，走上雲端，跨越時空的限制，在世界各地降下甘露法雨，滋養更多的信眾！

15　節錄自「星斗為幕，大地為床」一文，《有緣人106期》，2003年6月出刊。
16　節錄自《唯信——心道大和尚水陸開示集》一書，p.118。

　　到了 2022 年中，儘管疫情仍未全面解封，但感謝前一年的經驗，加入創新思維及技術，讓水陸法會的舉辦模式更上層樓，以虛實合併方式，除了位在總本山的水陸道場之外，靈鷲山全球各地據點也都設置為水陸分場，透過直播連線，同步進行各種佛事及說法開示。並且善用通訊科技，在靈鷲山妙心摩尼寶 APP 上設置「水陸專區」，整合線上、線下活動，凝聚十方信眾善緣的連結。這是靈鷲山水陸法會二十九年來最重大的突破，賦予法會嶄新的面貌，為千年水陸法會寫下歷史新頁。

　　形式雖變，但水陸法會自利利他的願心卻從未異動。心道法師特別鼓勵我們：「*每年水陸法會是以心向法、以法相聚的時刻，期勉大家以善念善緣轉換自身，改變全球災劫。…生態浩劫造成無數生命流離失所甚至死亡，希望所有人都能覺醒，了解地球只有一個，回歸本有的靈性和慈悲，停止破壞與傷害，讓生態能夠循環永續，眾生離苦得樂，地球平安、世界和平。*」[17]

　　這樣的提醒，這三十年來從未間斷。從倡導「愛地球、愛和平」，進而擴大到「靈性生態」的理念，提醒所有人類重視靈性的提升與改變，擯棄自私的貪慾，如世界宗教博物館的核心理念：「尊重每一個信仰、包容每一個族群、博愛每一個生命。」只要我們願意從自身改變起，就能像佛陀所說「聚沙成塔」[18]的比喻，不要輕忽渺小的力量，只要持續不斷，就能匯聚成殊勝的功德。這是心道法師在三十年前第一場水陸法會上就強調的理念，如今全部統攝於「靈性生態」的教育當中，如此的煞費苦心，我們是否終能略知一二？

　　回想一路走來的點滴，雖然或有苦、或有愁，但是，如今再度開口對思念之人的問候，心中應該都已釋然。這就是水陸的力量。或許，一開始是來自溫暖的

17　節錄自「靈鷲山全球資訊網」即時新聞：「靈鷲山第29屆水陸法會聖山寺啟建全球連線同步獻供」，08/04/2022。

18　語本《妙法蓮華經・方便品》，經文：「乃至童子戲，聚沙為佛塔，如是諸人等，皆已成佛道。」

眼淚，有心道法師的、有觀世音菩薩的，甚至有佛陀的，現在，加入我們大家共同的。未來，還有許多等待救贖的眼淚，都需要靠我們持續傳遞這份溫暖的關懷，讓水陸法會的殊勝功德繼續冥陽兩利，讓佛法的智慧照亮我們前行之路，也讓所有悲傷的眼淚都能轉化為改變的力量！

　　靈鷲山水陸三十是一個重大的里程碑，是所有靈鷲人同心共願的成果，延續心道法師的發願、信眾的心願、利益眾生的悲願，將我們融合為生命共同體，一同在水陸佛國中，透過懺悔、讀經、供養、布施，體驗身心清淨的共修法喜，與生命大和解，實踐慈悲行願——共願、共善、共融，在未來無數個歲月中，繼續同心同願、成就生命和平的共善平台。

靈鷲山水陸法會架構圖

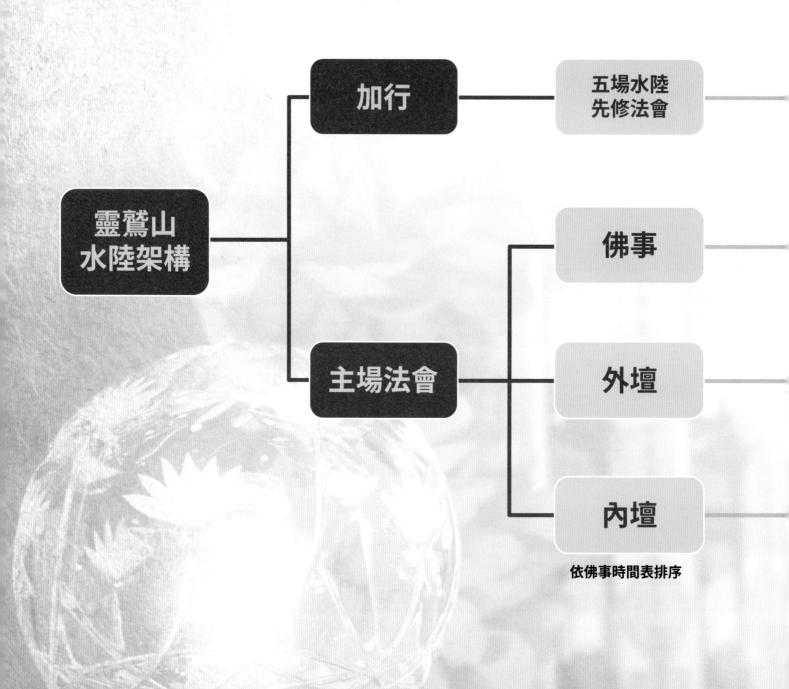

```
靈鷲山水陸架構 ─┬─ 加行 ─── 五場水陸先修法會
                │
                └─ 主場法會 ─┬─ 佛事
                            ├─ 外壇
                            └─ 內壇
```

依佛事時間表排序

《藥師經》暨瑜伽燄口法會 — 《普賢行願品》暨五大士燄口法會 — 《梁皇寶懺》暨瑜伽燄口法會 — 《地藏經》暨瑜伽燄口法會 — 《孔雀明王經》暨瑜伽燄口法會

齋僧 — 齋天 — 燄口 — 護生

梁皇大壇 — 六小壇 — 密壇 — 南傳羅漢壇

結界 — 發符懸幡 — 奉請上堂 — 奉供上堂 — 告赦

奉請下堂 — 幽冥戒 — 奉供下堂 — 圓滿供 圓滿香 — 送判宣疏 圓滿送聖

楔子

很多時候　有很多的來不及

死亡　總是讓人手足無措

來不及說謝謝

來不及說對不起

來不及說我愛你

深切的思念　總在夜深人靜時愈發顯明

人死了以後　到哪裡去了

吃飯怎麼吃

睡覺怎麼睡

過得好嗎

綿綿不絕的思念　又該怎麼辦

自古以來，人們都祝福出生，卻不歡喜死亡。

今天，身處於多媒體資訊密集的時代中，聲光影像令人目不暇給，越來越難記住一些美好的人，以及有關他們的事。

傳統社會裡，談死是非常不吉利的，對於死去的人，存在著既懷念又害怕的矛盾心情。家運不好可能跟祖先有關，事業不順也可能是被什麼壞東西纏住等等的心態，亦普遍存在於大眾的心裡。隨著「現代化」的擴展，很多祭祀觀念，也快速地在都市生活中消失不見。人們面對死亡之際，常常手足無措，只會一切交由殯儀館處理，似乎這樣亡者就能入土為安了。

中國古代傳統文化存在「靈魂」的觀念，佛教說生命是不死的，人死後會依生前的善惡，或升天、或為人、或轉生為畜生、或變成鬼等等。於是傳統社會中便有為「亡者祈福」的習俗，所以一般民間在七月中元普度，在佛教中也有很多類似的法會，其中又以水陸法會最為盛大。透過儀軌的進行，親人可以表達孝思、傳遞感恩，祈願過往的人在不同的生命空間中，過得平安、快樂，然後也祈佑自己現世的家庭、事業一切安康。

水陸法會是漢傳佛教中，最大型而隆重的經懺法事，一般舉辦時間為七天，最大的特色有「三多」——參加人數最多、供品最多及誦持的經典最多。水陸法會的全稱是「法界聖凡水陸普度大齋勝會」，簡稱為水陸道場、水陸齋、悲濟會等等，為超度水、陸、空一切眾生而設的，不僅聖凡普供，又兼以法施。有供養三寶、懺除罪業、祈福消災、超薦祖先、普度鬼神、長養慈悲、增長福慧等等功德。藉著諸佛加被、聽經聞法、供齋施食的力量，超度水陸空一切孤魂與歷代祖先，一一懺悔，淨除煩惱、障礙，使眾生心開意解、離苦得樂，進而使惡道的眾生都能轉生善趣，或往生淨土。

　　生與死的距離看似遙遠，但透過法會，似乎為陽間和冥間，搭起一座無形的橋樑，這是一場時間與空間的旅行。在法會的進行中，會發現：原來世界並不僅止於我們所認識的左鄰右舍、工作場合；更不限於國界、地域，是超越整個宇宙、時空。在我們生活的空間中，同時也存在著不同生命體的生活世界，如同網路世界般，縱橫交錯、互相影響。天堂、地獄的存在，不是過去式或未來式，而是屬於當下的現在式，就因為如此，法會成了報恩祈福的最佳機會，很多對於生命的來不及或疑問，都可以在法會中找到答案。那麼，該如何籌辦一趟穿越時間與空間的時空之旅？且讓我們走入流傳了一千五百年的水陸法會，親自體驗那貫穿前世今生的生命倫理觀，進而揭開死亡的神秘面紗。

第一章
緣起

所謂水陸者，因梁武帝夢一神僧告曰：
「六道四生，受苦無量，何不作水陸大齋以普濟之。」
——宋朝 · 宗鑒《釋門正統 · 利生志》

水陸法會的緣起，在佛教經典裏頭，記載著這麼一個事蹟：

一天，阿難在樹林間修學禪定時，忽然看見一位瘦得只剩皮包骨，滿臉火焰熊熊燃燒，痛苦非常的鬼王，來到他的面前。

阿難問他：「你是誰？為什麼出現在這裡？」

鬼王回答：「我叫面燃，特地來跟你說，你三天以後，也將墮落餓鬼之中，受到和我一樣的遭遇。」

「有什麼辦法能夠避免這樣的果報？」阿難擔心害怕地請教面燃鬼王。

「如果你可以在明天，布施百千個餓鬼及百千個婆羅門仙，各一斛飲食，並供養三寶，仗此功德，即獲增壽。」

阿難在萬分驚恐之下，急忙向佛陀稟報，並求救於佛陀。佛陀因此教阿難〈無量威德自在光明如來陀羅尼法〉，使加持過的食物成為法供，可以上奉佛、法、僧三寶；平等下施餓鬼等眾生，食物經觀想修法後，由少量化為無量無邊，施食給所有鬼眾及諸仙，消除眾鬼的痛苦，令他們捨去鬼身，生於天上，施食者亦可福壽增長。

梁武帝透過這則典故，了解到施食的重要，也深深體會到這是發起悲憫心、利益眾生的辦法。於是，開啟了梁武帝依施食法為核心，花了三年而製成水陸儀文，流傳至今，瑜伽燄口施食法會，也成為水陸法會重要的佛事內容之一。

空中雨花得大信心

　　魏晉南北朝（西元 505-508 年）的南梁時代，梁武帝有一天在龍榻間，夢到一位神僧告訴他：「在六道四生裡不斷輪迴的眾生，輾轉生死，受無量苦，卻又求出無門。陛下貴為九五之尊，擁有無上的權力與方便，何不作水陸大齋，普度水陸間一切含靈有情呢？」醒來以後，武帝思量夢境，並詢問朝廷群臣的看法，群臣沒有人能明白夢境的含意。這時候國師寶誌禪師勸武帝廣尋群經，以了解其中緣由。梁武帝即於法雲殿，迎請諸多佛經典籍，和寶誌禪師一同批覽群經。

　　帝製成水陸儀文後，在宮廷內嚴建道場，於佛前不點燈燭，手捧儀文，向佛前發願：「若此水陸儀文能資助六道，廣度有情，道理契合聖凡，願我禮拜後，燈燭不爇自明；若此水陸結構儀式未詳，無所利益眾生，則燈火晦暗如初。」

　　祝願之後，武帝開始在佛前執禮。第一拜拜下，頃刻之間燈燭自燃通明，光耀大殿；第二拜拜下，宮殿微微震動，顯示安詳；第三拜拜後，天空飄下香

靈鷲山水陸法會規模宏大，救度一切有情眾生。

花，預示祥瑞。武帝因此得大信心，於是在二月十五日，於鎮江金山寺，命僧祐律師親宣其文，舉行了史上第一次水陸法會，當時利益群品，感應的事蹟很多，水陸從此流傳開來。

道英禪師與水陸大齋

梁武帝之後，水陸法會經歷朝歷代興衰，失傳了一百六十多年，到了唐高宗咸亨年間（670-673 年），西京法海寺道英禪師在夢中，前往泰山府君之所，弘演法事。過了十天，在方丈室看見一位特殊的人，衣著不凡，前來說道：「弟子過去在泰山府君那裡，看到尊者莊嚴慈德的容貌，弟子聽人家說，這個世上有水陸大齋，可以利霑幽冥諸品群生，當初是由梁武帝所匯集。如今在大覺寺一位來自吳地，法名義濟的僧人那裡。可惜長久放在木箱內，大都快被書蟲蠹損壞了，希望法師能前往尋求，從此以後，依法修齋。」

道英禪師應允之後，果然尋得這部《水陸儀軌》，於是依法修齋，再次啟建法會。事後，那位看起來身份不凡的人再度出現，並帶領數十人前來致謝說

道：「弟子就是秦莊襄王。」又介紹其隨從，分別是：范睢、穰侯、白起、王翦、張儀、陳軫……等，都是秦朝名顯一時的臣子。

秦莊襄王說道：「因業報隨身，所以一直被囚於陰府，從前梁武帝於金山設此水陸大齋時，當時紂王的臣子，都能夠離苦得解脫，我們也因此暫停受苦。但是因為獄情未決，未得解脫，現在承蒙法師設齋懺悔消罪，弟子與這些列國君臣，皆承善力，終得以投生人間，所以前來致謝。」頂禮之後，就消失了。

水陸大齋——規模最大的法會

自此以後，歷宋、元、明、清各朝，水陸法會亦趨普及到中國各地。水陸儀文提到水陸法會的功德：「施諸鬼食，便能具足無量福德，則同供養百千俱胝如來功德，等無差別……然則即此一食，普霑法界，平等廣大，事盡理到。」

以宋、元兩代內憂外患，征戰頻繁，人民受苦受難災難深重，特別成為戰爭以後，朝野常行的一種超度法會。每次舉辦，至少需法師數十人以上才能成事，發展成佛教儀軌中，規模最盛大的法會。當時富者獨立營辦，貧者共財修設，這就是後來「獨姓水陸」和「眾姓水陸」的由來。到了元、明兩代時，水陸法會規模更為宏大，光是參加的僧眾，時常多達千人以上。

宗賾《水陸緣起》也說：「今之供一佛、齋一僧，尚有無限功德，何況普通供養十方三寶、六道萬靈，豈止自利一身，獨超三界，亦乃恩沾九族。……所以江淮、兩浙、川廣、福建水陸佛事，今古盛行。或保慶平安而不設水陸，則人以為不善；追資尊長而不設水陸，則人以為不孝；濟拔卑幼而不設水陸，則人以為不慈。由是富者獨立營辦，貧者共財修設。感應事蹟，不可具述。」

近年各地佛寺也多有舉行水陸，只是規模不同，其中又以臺灣靈鷲山佛教教團舉辦的水陸規模最為龐大，種種儀軌佈置最為講究，成為該教團必舉行的最大法會。

打水陸體會佛法精神

您參加過水陸法會嗎？想參加嗎？所有宇宙中水裡、陸地、空中的一切眾生，大到諸佛菩薩，小到一隻螞蟻，不論看得見或看不見，有形無形的眾生，都在召請之列。水陸法會之所以別具一格，主要在於其度化一切有情的悲心和弘願。透過食施、法施為媒介，救度蒙受苦厄的六道眾生，使他們都能超出三界生死。而其規模，則包括了內壇和外壇等壇場，持續七天的佛事。集「消災、普度、上供、下施」的水陸法會，您可以在這期間供佛、供法、供僧、祭祖、普度、懺悔、消災、祈願，紮紮實實地「打水陸」，從中體會佛教生死觀、祭祀習俗、儀軌內涵、民間水陸藝術、法會裝置等多元文化，更可以讓您深入儀軌，了解佛法深刻的精神意涵，這珍貴的「活化石」，仍像一千五百多年前一樣，撼動著人心。

 水|陸|小|百|科

梁武帝

梁武帝蕭衍（464-549年），字叔達，南蘭陵中都里人（今江蘇常州市武進區西北），是南梁政權的建立者，諡號武帝，廟號高祖。在位時間長達四十八年，在南朝的皇帝中列第一位。梁武帝文武全才，他的文學、政治、軍事才能，在南朝諸帝中可說是箇中翹楚。

武帝登基後，為感念雙親，以父母名義，建造大愛敬寺與大智度寺，建成後，舉行盛大法事，每月初一、十五，親自祭拜。其孝行感動了身邊大臣，並震撼了全國百姓。即位第三年四月初八佛誕日，於佛前頒詔：「願使未來世中童男出家，廣弘經教，化度含識，同共成佛。」並勸百官宗室信佛，等於定佛教為國教。在位時，設立建康教團，集眾高僧編纂在家受菩薩戒，並親自受菩薩戒，法名冠達。又撰寫〈斷酒肉文〉，下令全國僧人吃素，因而發展成為漢傳佛教的素食文化。在為超度皇后郗氏編纂《梁皇寶懺》之後，由神僧示夢而完成水陸儀軌，普濟幽冥。

蕭梁王朝的佛教交流興盛，海外僧侶絡繹來訪，尤以禪宗祖師菩提達摩與武帝的對話，成為後世參禪觀機話頭。晚年四次捨身同泰寺，放棄榮貴生活，身穿粗布衣裳，在寺中做勞役。梁武帝以一國之尊，躬行戒律，並將佛法普濟群靈之精神，潤澤萬世。

楔子

第二章
水陸的生命世界

梁朝武帝，夢異僧告以救群靈之苦，莫過於水陸大齋，乃召誌公等，
創建水陸齋法，斯東土始興水陸之大因緣也。
——《水陸儀軌會本·卷一》

流傳一千五百多年的水陸法會，有著法會之王的稱謂。過去在許多人心中，幾乎很多關於佛教的儀式、經文、信仰的知識，都可以從水陸獲得學習。水陸法會，解答了廣大平民百姓探求死亡的迷惑，成為有別於禪修、念佛、研經法門外特有的懺悔法門，覽讀其文的同時，也可欣賞佛典文學之美，促使佛教的禮拜儀軌，普遍流傳到一般民眾的生活裡面。

佛教的生命觀

　　這樣一部祈願廣度法界一切眾生的齋法，具備無盡悲願，而其行文流暢、文辭優美也深深令人歡喜，因此水陸在漢地流傳非常普及，上達君王貴族，下及平民百姓，都興於舉辦不同規模的水陸法會。法會的靈感通常來自心力專注，與諸佛菩薩、清淨壇場等等的加持力。如《水陸儀軌・卷二》所說：「齋法之備，振絕古今，當莫有過於此者。罄法界、等凡聖，即水陸空行一切有生悉舉而普度之。……既飽以食，又施以法。」

　　水陸大齋之詳備，震古鑠今，所有聖界、凡界，無論是水中、陸地、空中或者過去、現在、未來的各種生命體，都能夠平等普度。水陸的最大特色是供養的對象數量之多、之廣已達到無法計算的程度，所有眾生普同供養，這也代表著佛教「眾生平等」的生命觀。正如南嶽禪師所說的：「上供十方佛、中奉諸聖賢、下及六道品，等施無差別，即此義也。」古代大德教導我們，布施供養無量無數的諸佛，乃至所有六趣眾生，其平等布施之功德是沒有差別的。

十法界的介紹

　　透過施食，整個法界眾生都能得到利益，而其功德平等廣大，正同水陸的召請，涵蓋所有一切時空，不論過去、現在、未來的諸凡聖眾，全部涵蓋同於虛空法界。「法界」作為水陸的生命世界，依所有眾生分為十種生命活動的空間領域，分別是指：佛界、菩薩界、緣覺界、聲聞界、天界、人界、阿修羅界、畜生界、餓鬼界和地獄界。前四類修證的聖眾，合稱為「四聖」；後於六道輪迴的凡生，併稱為「六凡」，總括「四聖六凡」而共同構成為「十法界」，涵攝所有一切生命體。

四聖

● 佛

　　意為覺者，覺悟真理之意。意即具足自覺、覺他、覺行圓滿。凡夫無一具足；聲聞、緣覺二乘僅具足自覺，菩薩是自覺、覺他，但尚不圓滿，因此更顯佛的尊貴。佛如實知見一切法的實相，是成就無上正等正覺的大聖者。佛乃是佛教修行的最高果位，過去世所出現的佛稱為「過去佛」或「古佛」，未來將出現於娑婆世界（我們現在所居住的世界），則稱「後佛」或「當來佛」。我們世界的「現在佛」，則是本師釋迦牟尼佛。

● 菩薩

　　全稱為「菩提薩埵」，與聲聞、緣覺合稱三乘。菩薩以上求無上菩提為目標，以下化導一切眾生為重任，圓滿自利利他、自覺覺他的菩薩行，於未來成就佛陀果位。菩薩修行八萬四千法門，主要核心有十項，分別為「布施波羅蜜多」、「淨戒波羅蜜多」、「安忍波羅蜜多」、「精進波羅蜜多」、「靜慮波羅蜜多」、「般若波羅蜜多」、「方便波羅蜜多」、「願波羅蜜多」、「力波羅蜜多」和「智波羅蜜多」，合稱十波羅蜜多。

● **緣覺**

又稱獨覺，亦為二乘行者，指獨自悟道的修行者，性樂寂靜而不事說法教化眾生的聖者。緣覺修行主要針對「十二因緣法」做順、逆觀察，由「無明、行、識、名色、六入、觸、受、愛、取、有、生、老死」逐一正觀生命流轉而受苦，與生命還滅而導向涅槃而解脫。

● **聲聞**

為二乘行者，主要聽聞佛陀親說之正法而證悟正道的聖者，聲聞原指佛陀在世的出家弟子，後與緣覺、菩薩相對，而為二乘或三乘之一。聲聞之人由修行「四聖諦」，即苦、集、滅、道，四諦理趣而出離生死，以達涅槃。

六凡

● **天道**

是佛教六道輪迴中的一道，天道眾生居於諸趣之頂，具足威德和神通，受人間以上勝妙果報，其壽命長久、福樂豐厚，天道眾生住於欲界、色界、無色界，雖有神通，亦有死亡之時，顯現天人五衰相而落入生死輪迴。

● **人道**

生而為人是六道之中極為難得的，必須行十善業才會生在人道。佛的弟子舍利子曾問佛陀：「六道當中，地獄眾生的數量有多少？餓鬼的數量有多少？畜生道的數量有多少？阿修羅道、人道、天道的數量各有多少？」佛陀回答：「地獄眾生的數量有如大地的塵土一樣多，餓鬼有如恆河沙數那麼多，畜生道的數量有如海上漂浮的泡沫一樣多，阿修羅道則有

如暴風雪的數量一樣多，而人與天的數量就好像手指爪上的微塵那麼稀少。」密宗的龍欽巴祖師曾說：「人道可以修行成佛，其他道則很困難。」這是因為惡道受苦無盡，難以生起善心來修行；天道則是享樂無盡，也很難想要修行。

● 阿修羅道

屬於六道之一，阿修羅漢譯為「非天」，意指阿修羅「有天神的福報卻缺乏其應有的德行」，因此亦名「似天而非天」，有些是欲界的大力神，或是半神的大力鬼，因為多瞋、慢、疑而生於此道，心性暴躁，易怒好鬥善戰，曾多次與忉利天神征戰，但多數的阿修羅也信奉佛法，是佛教天龍八部護法之一。

● 畜生道

三惡道之一，眾生以生前所造惡業，種畜生之業因，死後即趨往畜生界，稱為畜生道，實包括了人類以外，近代人所說的一切動物。旁生趣的苦迫，主要是互相殘殺、互相吞噉。又可譯為「傍生」，《瑜伽師地論·卷四》：「傍生趣更相殘害，弱者被強者殺害，以不自在、被追趕、打殺，受到種種極重的苦惱。」

● 餓鬼道

前生造惡業、多貪欲，死後生為餓鬼，常苦於飢渴，又稱為鬼道、鬼趣、餓鬼道。餓鬼在飲食上有三種障礙：

1. 外障：這種餓鬼常受飢渴之苦，皮肉血脈枯槁、髮亂面黑、唇口乾焦，
   常以舌自舐口面，四處馳走求食，但所見到的泉池都變成膿血而不能飲
   用。

2. 內障：這種餓鬼的咽喉如針，口如火炬，肚子很大，就算得到飲食，也
   無法下嚥。

3. 無障：這種餓鬼可以吃東西，但因業力的關係，每拿到食物就自動燃燒
   成火炭，無法食用，所以會受到飢餓口渴的大苦。

● 地獄道

前生喜瞋恨、殺害、陷害、貪得無厭、吝於布施，死後則墮此獄，有
八熱地獄及八寒地獄兩大地獄。另外又稱「無間地獄」。

1. 有趣果無間：現世報，招受業果不經他世。

2. 受苦無間：受苦不間斷。

3. 時無間：受苦的時間無有間斷。

4. 命無間：受苦之壽命相續不斷。

5. 形無間：眾生的身形和地獄的大小相同而無間隙，各類地獄都因為眾生
   造下各種不同的業因，而招感到不同的果報。

水陸法會的功德利益

宋朝的宗賾（註1）在《水陸緣起》說：「今之供一佛、齋一僧、施一貧、勸一善，尚有無量功德，何況普遍供養十方三寶、六道萬靈，豈止自利一身，獨超三界，亦乃恩沾九族。」

今日，供養一尊佛、齋供一位僧人、布施一位貧乏困苦的人、勸人發出一念善心、成就一件善事，都能有無量功德，何況普遍供養十方三寶、六道群靈，其功德更是無量無邊。這種兼具食施與法施的殊勝法會，自己不僅能福德智慧增長，還能明悟真心，出離三界輪迴，連我們的父母親眷，都能同沾法益。因此，歷來江淮、兩浙、川廣、福建，水陸佛事，今古盛行。

根據《水陸儀軌會本》記載，上堂所奉請的均是宇宙中的聖者，但上堂第十席卻是「僧俗俱列」，這是為了報答發揚、繼述水陸之恩，凡是歷來護持、崇尚、流通水陸的僧俗二眾，都位列上堂第十席，所謂：「位列上堂，直超聖眾」。即使尚未出離輪迴，因弘揚水陸的功德，而能與諸佛菩薩同在上堂。

水陸法會的功德，能使：「未發菩提心者，因此水陸勝會，發菩提心。未成佛道者，因此水陸勝會，得成佛道。」（宗賾《水陸緣起》）

▍註1：宗賾，號慈覺，為宋代淨土宗、雲門宗的高僧，生卒年不詳。於宋元祐年間結蓮池勝會，倡導念佛。南宋宗曉《樂邦文類》將其與善導、法照、少康、省常並稱為「蓮社五祖」。在宋代，慈覺禪師的影響甚大，其偈頌為當時人所熟知，作品流傳遍及夷夏（西夏國），在四川大足和西夏黑水城文獻中皆有遺存。可惜後世散佚。

　　尚未發菩提心的人，能因水陸法會廣濟群靈的悲願，不論是投身志工的行列，還是虔誠拜懺的功德主，還是守護壇場的各部組工作人員。大家在不同崗位上，朝著同一個目標共同前進，在前進當中，不斷彼此謀合、消弭習氣、省察自己的起心動念，逐漸把心量打開。從凡事只考慮自己利益的小我，到關懷他人安樂的大我，再擴大到消弭人我分界，不再執著有一個在做布施的「我」、接受布施的「對象」、布施的「物品」，三輪體空的無我。從心量到證量，逐步昇華，體解大道，發無上心，最終抵達目的地，成就圓滿的佛果。

水｜陸｜小｜百｜科

蓮池大師

　　祩宏，（1535-1615年），明代杭州仁和人，俗姓沈，名祩宏，字佛慧，別號蓮池，故常被稱為「蓮池大師」。又因常在雲棲寺居住而被稱為「雲棲和尚」，是中國佛教淨土宗的第八代祖師，與紫柏真可、憨山德清、藕益智旭並稱為明代四大高僧，是提倡禪宗、淨土宗兩者兼修理論的高僧。

　　其家是杭州世族，十七歲時中秀才，成為庠生，學行皆優。然而，二十七歲喪父，三十一歲喪母，自此決心出家，投性天理和尚門下落髮，並開始行腳參學，經東昌時開悟後，遂於明穆宗隆慶年間建雲棲寺，成大家。祩宏申明戒行，要求門下每半月誦《梵網經》與《比丘戒品》。又編輯禪宗語錄，作《禪關策進》，以禪淨雙修教導門下。後圓寂於明萬曆年間，著述甚豐，主要代表作有：《戒疏發隱》、《水陸儀規》、《楞伽經摸象記》、《彌陀疏鈔》、《禪關策進》、《竹窗隨筆》等書。

鎮壇大將軍將帶領幽冥眾生往生西方極樂世界。

水陸道場佈置與歷史源流

　　從現存十三世紀日僧承澄（1205-1282年）所輯《阿沙縛抄·卷一六六》中的〈冥道供〉一文（冥道即水陸異名），提到的壇場佈置、形象配列、法器供物及法事進行等儀式，與今天的水陸大致相同。

　　明末袾宏依志磐的「新儀」（南水陸），稍微修改，流行於杭州。清朝時儀潤依袾宏之意，詳述水陸法會作法規則，撰成《法界聖凡水陸普渡大齋勝會儀軌會本》六卷簡稱《水陸儀軌會本》，成為現行水陸儀式的手冊。其後咫觀更就袾宏的水陸儀軌詳細增補論述，寫成《法界聖凡水陸大齋普利道場性相通論》九卷，略稱《雞園水陸通論》；此外又撰《水陸道場法輪寶懺》十卷，皆為現行水陸所取用。

● **壇場佈置**

　　內、外壇壇場佈置香花供養，力求莊嚴。內壇中央為「娑婆三聖」，中為釋迦牟尼佛、右為觀世音菩薩、左為地藏菩薩三像，每尊佛前及每個席位前，下置供桌，羅列香花、燈燭、果品。內壇四周繞以布幕，兩側掛上二十四席水陸畫像。畫像之下插牌竿、詳記每位聖凡名稱，牌上皆畫寶蓋，下畫蓮花。

● 臺灣第一場水陸

臺灣光復後，中國大陸出家法師來臺，幾乎是以基隆的靈泉寺為落腳的第一站，靈泉寺成為傳續漢傳佛教的重要基地。1955年春天，基隆靈泉寺舉行三壇大戒（註2）期間，同時舉辦臺灣第一場水陸法會，當時的主法為智光老和尚、正表為隆泉老和尚、副表為戒德老和尚。因為水陸法會所需的人力、物力極多，過去很少有人舉辦，一般多在寺廟落成或有人發願才會舉行這麼大規模的法會，所以基隆靈泉寺的臺灣第一場水陸具有歷史的意義。

● 浙派和蘇派

水陸的梵唄唱腔分成「浙派」與「蘇派」，過去臺灣的浙派是以文戒老和尚和續祥法師為主，後來以臺北松山寺的恆一老和尚、月現老和尚及聖修老和尚為主，也都是屬於浙派，但這十幾年來，幾乎都很少見了。水陸發源於浙江一帶，被稱為浙派，早期屬皇室貴族的專利，由他們召集全國各地的高僧共同舉辦，而現在流傳的水陸儀軌也是由浙派的法師所編製而成。後來則是流傳蘇派的水陸，一方面由於江蘇的出家人多，一方面江蘇人天生唱腔宏亮，蘇派講求傳承，調式固定不變，所以便於傳授，易流傳。香港水陸的傳承則來自大陸棲霞山的明常老和尚，跟蘇派水陸的規矩又略有不同。

▌註2：三壇大戒：出家者必須受三壇大戒。初壇受沙彌、沙彌尼戒；二壇受比丘、比丘尼戒；三壇受菩薩戒，才被公認為合格的法師。

楔子

第三章
如何打水陸？

若請法齋主與作法諸師，各皆竭誠盡敬，則其利益，非言所宣。
若齋主不誠，則出錢之功德有限，慢法之罪過無窮。
——《水陸儀軌會本·卷一》

參加七天的水陸，稱為「打水陸」，所謂「打」，是動作行為之意，和打佛七或打禪七相同，以七日為限，希望在這七日內剋期求證，得到較佳的修行效果。在這幾天當中，應該用什麼樣的心態來修行呢？水陸法會舉辦時是在炎熱的農曆七月天，從各地來參加的人有成千上萬，要一起相處七天，還得一起工作，難免有意見不合的時候，天氣熱、往往心浮氣躁，有時候一不注意，就很容易發生無謂的意氣之爭。

生活即修行，是希望我們的生活一天比一天好。很多人自認為頗有修行，可是只要一碰到生活中的人、事的問題，就容易生煩惱。在水陸法會時尤其明顯，很容易因為繁瑣的事務而生起無明煩惱，所以打水陸也是考驗平時修為的最佳時機。修行最重要的是自利利他，必須先調和好自己的內心，才能去影響他人。真實的體驗與文字上的修行是不一樣的，水陸法會就必須親自去體驗、參與，身體力行才會了解其中的奧妙。所以只從文字上了解菩提心是沒有意義，必須真的發菩提心、去實踐，才曉得什麼是菩提心。

印光大師在《水陸儀軌》的序文指出水陸法會的功德說：「水陸之利益非言所宣……當人業消智朗，障盡福崇，先亡咸生淨土，所求無不遂意，並令歷劫怨親，法界含識，同沐三寶恩光，共結菩提緣種。」

首重發菩提心

　　水陸法會所要達到的目的有三點：一是對先亡者，希望他們發起成佛之心；二是將此功德迴向施主自身及其眷屬，祈求延壽增福；三是救濟六道眾生普超三界。

　　佛法說我們從有靈性以來到今天，生生世世的父母是無量、無數、無邊的，我們每一生都有父母，所有的眾生都曾經是我們的父母，都是歷代祖先。所以參加法會最先要具足的心念就是希望能發菩提心，救度一切如父、如母的有情眾生，脫離輪迴苦海，速證成佛涅槃的果位。因此學佛並不是只求個人利益，自己解脫而已。

　　菩提心是成就一切諸佛的種子，如果想要成佛必定要發菩提心，菩提心是什麼呢？就是如實知自心，以自性清淨心為菩提心；亦是希願救度一切眾生，令他們都成佛。願力有多大功德就有多大，所謂「水陸普度勝會」的意義，就是說願力所及沒有不能度化、不能解脫的，這就是法會殊勝之處，因此在法會期間，我們應該發起清淨廣大的願力。

弟子虔誠，必蒙感應

　　《華嚴經》云：「信為道元功德母，長養一切諸善根。」以清淨的信心是修學佛道的關鍵所在，同時也是修行品質的重要根基，一切的善根從中得到增長與滋養。《大智度論》說：「佛法大海，唯信能入。」佛法的大海那麼深，要能夠真正進入佛門的前提條件，端看是否充分具備對佛陀教法的信心。

　　已圓寂的戒德老和尚，擔任水陸內壇的正表有逾五十載的經驗，他曾說：「要相信水陸法會的功德，就要用信心、虔誠心參加水陸，有幾分的虔誠就有幾分的功德，所謂弟子虔誠，必蒙感應。」如同一般所言「心誠則靈」，若能初步能信得過佛法的教導，後續才能跟著生起虔誠心、恭敬心。而印光大師也

在《水陸儀軌》的序文提及：「若請法齋主與作法諸師，各皆竭誠盡敬，則其利益非言所宣。若齋主不誠，則出錢之功德有限，慢法之罪過無窮；僧眾不誠，則是鼓橐籥以為經，交杵碓以成禮，于三寶龍天降臨之際，作鹵莽滅裂塞責之行。」因此，能對三寶生起信心，我們才會虔敬認真地、積極地參與法會中的每場佛事。

內壇三師帶領所有信眾進行佛事。

有幾分的虔誠，就有幾分的功德，所以參加水陸法會最重要的是誠敬，如果以為報了名，繳了錢，就有法師幫忙誦經、超度，這樣就有功德，這是錯誤的認知。參加水陸法會最主要的是自己發願，生起慈悲心去超度眾生，如果不能以真誠敬意的心來修持，那麼出錢的功德有限，而慢法的罪過卻無窮。「三業如不清淨，萬法不具足。」因此打水陸時，身體在行禮拜，口在念誦經典，心意在做觀想，身口意三者都要清淨，那麼萬法才具足。

水陸法會的殊勝

《水陸儀軌》經過歷代祖師的編修，儀式設計得非常周密嚴謹。七天的水陸道場，燃種種香、點種種燈，準備了各種妙味飲食、衣服、莊嚴的鮮花、水果、幢幡寶蓋來供養諸佛，並召集百位僧眾共同舉行法會。

水陸法會有三大特點：一是「時間長」，多則四十九天，少則七天；二是「規模大」，參加的僧人可多達千人，一般需要上百人，起碼不得少於七、八十人才辦得起來；三是「法事全」，凡佛教各種常見法事無不包括在內，

還要懸掛七十三幅「水陸畫」。因此，舉辦這樣的法會，總要匯聚殊勝因緣。水陸法會殊勝之處如下──

● 地點殊勝

法會的現場就是壇城的所在，「壇城」的本意就是諸佛聚集的地方。來到諸佛的所在必有十方佛菩薩的加持，而能清淨柔軟每個人的內在。《涅槃經》說到佛寺要具足七法：「一是生起信心、二是禮拜、三是聽聞佛法、四是虔誠心、五是思維佛法、六是如實修行、七是將功德迴向一切有情。」所以在法會現場，我們若能常常用以上七法來省察自己，那麼水陸法會就是增長善根、累積福報的大好機緣。

在水陸法會現場，最重要的是「心念攝持」，因為諸佛菩薩、六道眾生都受邀來到會場，和自己相處在同一個時空當中，如果心生惡念或胡思亂想，就會與惡道的頻道相應；如果心生歡喜、善念，則和善道相應，因此應該時時提醒自己要以慈悲心、歡喜心來參加法會。

● 善知識殊勝

在《佛本行集經》中有個故事：有一天佛陀和弟子難陀，經過一處賣各種香粉香料的地方。佛請難陀拿一個香包握在手中，過一會兒又叫他放回去並說：「難陀，你現在聞一聞你的手心。」難陀嗅一嗅說：「我的手上有微妙的香氣。」佛便說了一偈：「若有手執沉水香，及以藿香麝香等，須臾執持香自染，親附善友亦復然。」如果能夠常常親近善知識，隨順染習，必能善業漸增。

什麼是善知識？佛陀說自己行正見又能教人行正見的人是善知識；自己修菩提心又能教人修菩提心的人是善知識；自己能修行信、戒、布施、多聞、智慧，也能教人修行信、戒、布施、多聞、智慧的人也是善知識。所以在水陸法會裡，我們不僅要對佛菩薩、對經典、對參加水陸法會有信心，也要對所有參與法事的法師們生起恭敬心，他們都是大善知識。

● 法殊勝

除了發心誦經的「法」具足圓滿之外，對於參與法會的人來說，也要知道如何讓自己所聽到的「法」具足圓滿，密乘龍欽巴祖師在《心性休息論》中指出，聽法要具有三想——

1. 當自己是病人想。

2. 以佛法作藥想。

3. 對依止善知識而修行作醫療想、看病想。

也就是把自己當作是病人，患了在輪迴中不斷流轉、不能出離、不能成佛的病症，病因就是業力和煩惱，所以要找醫生來治療我們的疾病，醫生就是上師、就是善知識，佛法就是醫生所開的處方。同時在聞法的過程中，有「三過六垢」的缺失要盡量避免——

1. 耳不聞如覆碗過：耳朵不仔細聽聞法教，就像一個被倒扣的碗，什麼東西也裝不進去。

2. 意不持如破漏過：耳朵雖然聽了，卻不用心的記憶、持念，所聽聞的法教就會逐漸的漏失，就像破損有漏的容器，裡面的東西會漸漸遺漏，最後什麼也沒有留下。

3. 雜煩惱如有毒過：雖然專心去聽、去記憶，卻帶著煩惱，如瞋恨、慢心、疑心等等不好的妄念來聽法，就像容器本身有毒，任何東西裝進去也變成有毒無法食用。不管多殊勝的法教，如果摻雜了煩惱，也都變成不清淨。《華嚴經》有云：「若聞一句未曾聞法，生大歡喜，勝得三千大千世界滿中珍寶。」願一切有情眾生得法圓滿，速速得解脫。

● 時間殊勝

七天的水陸法會，大家放下日常忙碌的事務，一起投入、成就法會的圓滿，利益無數的眾生。在七天的佛事中，不眠不休，誦經聲沒有一刻停歇，從每天清晨外壇誦經，直到深夜的放燄口，再延續到清晨的內壇佛事，每時每刻，走到任何地點，都會被法會的莊嚴氛圍所攝持。

● 眷屬殊勝

舉辦水陸法會不但信眾多、法師多，更需要無數志工共同發願護持才能成就，若缺其中一環、一人都很難成就如此盛典。因此在會場當中，每個人對於成就此次法會的人事物，都要心存感恩，縱有不盡理想的地方，也要用慈悲、包容的心來看待。

佛教常說眾生是未來佛，所以法會內外，所有與我們相遇的善男子、善女人，都是清淨的男女菩薩，都是我們的善知識。所以在這場水陸法會裡，不管是我們邀請的諸佛菩薩、諸天聖眾、法界眾生或是海內外的善男子、善女人，都要心存感恩有這樣的因緣讓彼此相遇相聚，共結清淨的法緣。靈鷲山心道法師說：「**把愛心擴大到無形，對有情的眾生結善緣，對無形的眾生做超度，具足無量功德，成就未來生命福慧的基因，這正是舉辦水陸法會的最終目的。**」《涅槃經》也有所載：「應當護念一切眾生同於子想，生大慈大悲、大喜大捨，授不殺戒，教修善法。亦當安止一切眾生於五戒十善，復入地獄、餓鬼、畜生、阿修羅等一切諸趣，拔濟是中苦惱眾生，脫未脫者，度未度者，未涅槃者令得涅槃，安慰一切諸恐怖者，以如是等業因緣故，菩薩則得壽命長遠，於諸智慧而得自在，隨所壽終生於大上。」

延伸閱讀

身口意的守則

這裡提供參加法會應該準備、注意的事項,帶著好心情,就能得到好的收穫。

● **身好**

1. 提早調整生活和心情,帶著清淨的身心來參加法會。

2. 衣著樸素、攜帶環保餐具、個人隨身藥品與健保卡。

3. 茹素、不殺生。

4. 不帶寵物、大件行李入場。

5. 穿海青與抽海青,均在壇場外,勿在壇內穿搭海青,亦勿穿海青入廁。

6. 穿著海青參加法會,進內壇需加披朝聖帶,並配戴殊榮卡。

7. 遵守護法人員指導。

8. 不菸酒、不參加玩樂活動。

9. 佛事期間,手機關機或設定靜音。

● **口好**

1. 進入壇場保持攝心，低聲、禁食。

2. 遇事理性溝通。

3. 放香休息時間，可持佛菩薩聖號、〈大悲咒〉、〈六字大明咒〉，或〈楞嚴咒心〉。

● **意好**

1. 以惜福感恩之心用齋。

2. 看到別人修善做好事，能夠隨喜讚嘆。

3. 發願精進用功，累積福德智慧資糧，迴向眾生皆能——離苦得樂，究竟成正覺。

● **供養**

1. 供養紅包請事前準備好，可在服務臺索取紅包袋，於佛事圓滿離開現場時，將供養紅包投入內壇各出口放置的功德箱即可。

2. 供養三寶可以累積福德，是一件很好的事。不過，在佛事結束後追著三師和尚供養，就太不莊嚴了。

● 〈召請文〉正確使用方法

1. 若親自至法會現場，則入壇前請先於召請區恭敬念誦〈召請文〉（一次即可，不需每天或每堂佛事召請）。

2. 若無法至法會現場，則於法會啟壇期間，於佛堂或祖先牌位前或向外虛空恭敬念誦〈召請文〉。

3. 為響應減碳環保，〈召請文〉請回收多人多次使用，現場將不發放〈召請文〉。

召請文

弟子 ＿＿＿＿＿＿＿＿（功德主姓名）

家住 ＿＿＿＿＿＿＿＿＿＿＿＿＿

奉請

南無阿彌陀佛

南無大悲觀世音菩薩

南無大勢至菩薩

南無大願地藏王菩薩

南無引魂王菩薩

弟子（功德主姓名）參加靈鷲山無生道場

於桃園巨蛋體育館啟建之法界聖凡水陸普度大齋勝會

奉請　諸上佛菩薩　仗佛光明　慈悲願力

召請　弟子閤家　今生宿世歷代祖先　冤親債主

無祀男女孤魂等眾　來此受甘露法味

願仗　佛菩薩之慈悲功德　普皆受食飽滿

離苦得樂　往生淨界　更祈解冤釋結

令弟子身心自在　業障消除　消災增福

吉祥平安　祈求如願　增福延壽

內壇佛事篇

也許有人會問水陸普度不就是請好兄弟來吃吃飯就好了嗎？為什麼還要念這麼多經、拜這麼多天呢？事實上，翻開《水陸儀軌會本》就會發現，這其中的學問可大著呢！除了請吃飯外，「法供養」才是法會的目的，福慧資糧無可限量。「萬法唯心造」，試想如果能打開糾結的思想問題，一旦思路暢通，外在環境也會隨之轉變，生死輪迴就在一念之間，淨土也在一念間產生。

《水陸儀軌會本》載曰：「有能修此真法供養，不緣於心，不住於相，不住相者，忘情造理，如斯行施，功用莫比；無能施者，無受施人，無中間物，皆畢竟空。」七天的佛事儀軌作用就在洗滌思想的重重污染，日夜不中斷地誦經聲及大眾或跪或拜的畫面，如不親臨其境，很難感受到那股心靈的震撼。

整場水陸法會最重要的精神重鎮就是內壇，因此內壇佛事的重要性可想而知，內壇依循的是《水陸儀軌會本》，這是由歷代高僧編制出來的，法會本身就是總集佛法的精要，內容井然有序，大家不僅只是跟著唱誦、跪、拜、繞佛，還要深入儀軌的意義，了解佛法的內涵，這才是「打水陸」真正的目的。

內壇共設有二十四席，每一席都代表這場大法會邀請了不同世界的眾生前來參加，二十四席分為上、下堂，上堂有十席，下堂有十四席。諸佛菩薩及諸大聖人都位列上堂，六道群靈則囊括在下堂十四席中。

水陸法會最重要的內容就是內壇佛事，所超度的一切對象都在內壇做召請。因此，一走進內壇就會看見牆面幾乎貼滿了黃色的超度牌位。參加水陸的代表一般稱為「功德主」，佛事進行時，將代表亡靈參加。

內壇燈火通明，功德主虔誠誦經，場面壯觀。

第四章 結界

從生到死這段期間，我們做了很多善法和不善法。未來會成為什麼，就是依據我們的生命體所記錄的因由，因此有了貧富、貴賤、殘缺，或是完整的身體。也許我們認為三惡道的距離很遙遠，但是人命在呼吸間，地獄、畜生、餓鬼其實就在一息間，在斷與未斷這短短的時間和距離內。

——靈鷲山心道法師

結界的意義就是讓施行法會會場的地下、地面及空中，全部變成一個立體的壇城，像琉璃一樣清淨無染，又像金剛塔城一樣，讓邪魔不能侵犯，好迎請諸佛菩薩雲臨、六道凡眾奔赴會場，接受法會的洗禮。

水陸法會的第三天凌晨，內壇佛事正式開始，這是法會的第一場高潮。半夜，當大眾陸續進入內壇，一場盛大的法會就在燈火通明、佈置莊嚴的法堂中展開了，鐘鼓齊鳴，僧人一一進場，彷彿一下子就忘記了時空，跟著梵唄唱誦，身心都進入另一個更為清醒的境地。

所有的功德主幾乎都會參加第一場最重要的佛事。雖然是半夜，一般人好夢正甜的時候，大家卻精神抖擻，像參與盛會般神采奕奕。眾人依序排班，井然有序地進入會場，從看臺上放眼望去，黑壓壓地都是穿著海青的人潮，滿佈整個會場，應該有超過五千人以上吧！但秩序相當好，一點都沒有吵鬧聲。

結界一開始，伴隨著燈光變化、海潮音的擊鼓聲及撞鐘聲，揭開法會序幕，這時空中還緩緩飄下亮片及鮮花（原來是有人從上空灑花），很多人都被這樣盛大莊嚴的景象，感動得哭了出來。彷彿一下子跌入時光隧道中，回到一千五百年前，梁武帝剛編制成水陸儀軌時，梁武帝在佛、法、僧三寶前，不點燈燭，對佛批宣：「若此儀文理協聖凡，願拜起燈燭，不爇自明。」結果梁武帝一拜，燈燭果然自動亮起來；二拜，宮殿發生震動；三拜，天空竟飄下綿綿花雨，可見當年這部水陸儀軌出現於世時，人天歡喜的盛況。今天有機會參加這傳承了一千五百年的水陸勝會，對很多人來說真是感到特別的興奮與期待。

因為舉行水陸所需要的場地特別大，所以一般舉行法會前，就要先找好一個空曠的地點，將環境打掃乾淨，然後佈置好一切。場地雖然清潔了，但還必須經過作法來清淨壇場，同時也區隔出法會的舉行區域，稱為結界。

結界一詞，由梵語翻譯而來，就是定出舉辦法會傳戒或閉關活動時的區域境界，作法所限定的地方，稱為結界地。結界時要誦咒施法，使內、外壇都和外界隔絕，不受干擾。主法和尚依儀軌作法觀想、區隔出特定區域，用持過〈大悲咒〉的淨水來做「灑淨」，專誠恭請觀想十方毗盧遮那如來，以灌頂光芒來加持淨水，然後用這些淨水遍灑會場內外，隨灑水所到的地方，都變成結界的區域。結界以後，內壇就成為水陸道場的重鎮，嚴格管制，人員不得隨意進出。

結界最重要的是將會場的地下幾百由旬（註3）結成「地方界」，地底下如同金剛琉璃，無有垢穢；地面會場四周結「方隅界」，變成金剛城牆一般堅固，無可侵犯；空中過百由旬結成「虛空界」，上有香雲普覆，如同大寶蓋般蓋覆。

整個水陸法會的空間裝置處處呈現出靜雅的氣氛，好引領人們沉靜下來探索自我，與會者一進入會場，身口意也頓時光潔，清淨無染。對待自己、對待他人的態度都是一樣恭敬、一樣謙卑、一樣清淨。結界即將圓滿時，由法師宣讀「証盟文疏」（註4）。

後記：晨曦微亮，剛跟隨隊伍到外場灑淨，清新的空氣中夾雜著裊裊香氣，所有法師看起來沒有絲毫倦意，一樣地平靜安詳領著大眾唱誦，內內外外、進進出出，又是上香、又是上供；結界佛事結束時已近清晨六、七點，稍事休息，緊接著還得參加早上九點的發符懸幡！

註3：梵語yojanā，是古印度的一個長度單位，佛教沿用。又譯踰闍那、踰繕那、瑜膳那、俞旬、踰旬、由延。原來指公牛掛軛走一天的旅程，一由旬約略相當於「十二里」（約六公里）至「十六里」（約八公里）左右。

註4：文疏是寺院舉行法會時，將信眾於此法會所作的功德，書寫於紅紙或黃紙上，用以向諸佛菩薩表白者，稱為文疏。一般都由主法或維那宣讀。文疏的種類分為很多種，用大紅的紅紙寫的，稱為延生文疏，用白紙或黃紙寫的，則稱為往生文疏。延生文疏又可分為消災、吉祥、祈安種種的不同；往生文疏就有超拔、薦亡的意思。

延伸閱讀◆

壇城

　　我們常常會形容一個空間有怎樣的「氣氛」，「氣氛」是對於空間的感知，在不同的氣氛下，對於空間也會採取不同的態度。有一種空間我們平常很少接觸，但是只要在它的氣氛之下，幾乎沒有人不收攝心念，恭敬以對的，那就是與宗教有關的神聖空間。在傳統臺灣人的居家空間裡面，大多會有一個佛龕，將佛像和祖先的牌位供奉在上面。縱使它只是一個簡單的佛龕，我們的態度也是很恭敬的：不會允許小孩子去亂碰，每天清理，維持它的清淨，上面的擺置也必須遵照一定的規範。它就是我們日常生活當中的一個神聖空間。

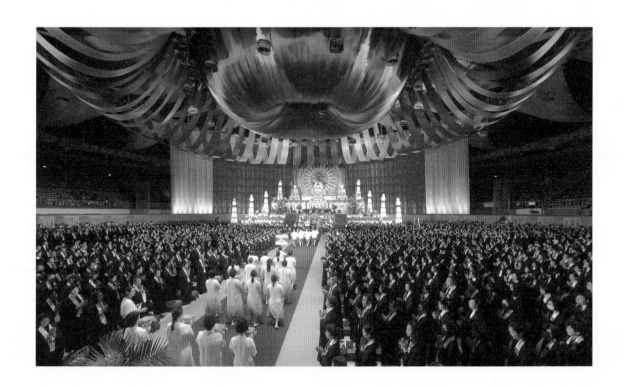

● 與心靈互動的神聖空間

「壇城」，maṇḍala，原義為內圓外方形，意譯壇場、壇城、道場，又音譯作曼陀羅，主要意思有「壇」、「聖圓」、「中心」、「輪圓具足」、「眾聖集會」。

水陸法會，始於南朝梁武帝時代，在當時，這是帝王之家才有能力舉辦的盛事，規模之大，由此可見一斑。法會持續整整七晝夜，念誦大乘經典，以超度受苦的六道眾生。佛教以農曆七月為孝親月，是感念親恩，超度先祖的月份，由此，舉辦法會而設置壇城，為佛事進行營造生命互動的廣大處所或領域。

換句話說，和一般人所認識的壇城不同的是，水陸法會的壇城設置，並不是位於參與者前方一個平面的神聖場域，而是把參與者包含在內的一種活動空間。這種空間概念可以從水陸法會其他設置更清楚地看出來，當參加法會的人進到會場，事實上，這裡就是接下來幾天他要生活以及修行的地方；其實，生活當中的每一刻都是修行。整個會場就是一個壇城；在這幾天當中，除了特定的區域，比如說：內壇，參與佛事之外，剩餘的時間，就是參與者自己進行沉思、反省、讀經、持咒的時間；佛事進行時大家共修，剩下的時間個人自修。法會的空間裝置，處處呈現出靜雅的氣氛，引領人們沉靜下來探索自我。

宗教是人類心靈探索的古老傳承，時至新世紀的今天，人們對於宗教空間的認識，多半仍停留在古老的神廟、昔時的佛像雕刻等等的印象，似乎宗教的神聖空間遠離我們所生活的時空才存在；而在傳統上與我們日常

生活密切相關的神聖空間——佛龕，也在都市化的浪潮當中退居在屋角的一隅，甚或不復存在。在神聖空間的消退中，我們多多少少可以從其中閱讀到現代人生活與心靈變化的一些訊息。

水陸法會的空間設置，一方面提供了一個現代觀感的神聖場域，另一方面，也提醒了我們：生活中的神聖空間，並不是一種和生活隔絕，用以膜拜的平面，而是要把人和他的活動包納在其中的；如此，壇城也才能和我們的心靈有所互動，真正地透過空間的神聖氣氛，成為人類心靈旅程中的甘泉。

● 禁入內壇的情形

以下二種情形，是不能進入內壇的——

1. 非內壇功德主。

2. 即使是內壇功德主，在非佛事期間，也不要進入內壇。「結界」之後，內壇天神羅布守護，成為一個神聖的空間，我們應該要抱持敬畏的態度，若非佛事修法時間擅自進入，會污犯淨界，是很不恭敬的。另外「請下堂」佛事之後，因為有六道群靈牌位懸立，若在這些地方隨意走動，很容易沖犯，所以要謹慎、恭敬。

第五章
發符懸幡

我們本來的生命只是一個 copy 而已，
前輩子的記憶體 copy 到這一生，
這一生的記憶體再 copy 到來生，
所以我們總是在這個 copy 的生命裡面，
不斷地追求我們的貪瞋癡、追求我們的欲望，
來滿足生命中的貪心。
今天若要創造更大的智慧跟福祉，
那麼就要改變原有這份 copy 來的記憶體，
每一個記憶體都是我們的生命、生活，
都是我們的感覺和思想，
所以要當下覺醒、當下解脫。
——靈鷲山心道法師

發符的意義就是發邀請函，上達天庭、下達地府，昭告人天，稟報在何時何地將舉行水陸法會，希望藉由收到「邀請函」，使諸佛菩薩及六道眾生都能來參加法會。

水陸法會的第三天早上九點左右舉行「發符」。一早，志工把已經做好的四個真人大小的紙紮人及四匹紙馬，從看臺上搬到內壇外的走道上，一字排開。還體貼地準備了四份供飯菜、水果及饅頭放在前面，紙馬的口中還塞滿著鮮草！別看是紙紮的！責任可是非常重大，要靠他們幫忙執行發符的任務。

發符就是派遣四位使者：四天捷疾使者、空行捷疾使者、地行捷疾使者、地府捷疾使者帶著「請書」、「符牒」及所有內壇功德主的名冊上達天庭、下通地府，昭告人天，稟報在何時何地將舉行水陸法會，希望藉由收到「符」，使諸佛菩薩及六道眾生都能赴感降臨法會。

四位使者將執行發符任務，迎請諸佛菩薩與六道眾生。

　　「發符」的「符」，好比邀請函，「發符」即至心奉請持符使者，快馬傳遞邀請函到佛國、地府等境，虔誠迎請諸佛菩薩及六道眾生。這時，內壇中所有功德主都向後轉，主法和尚、正表、副表的位置也移到正後方，稱為「翻堂」，大家的位置都前後調換過來的意思。「符」者，信也，古時官吏奉派駐地，均以「符」為信物，有虎符、魚符等，各持一半以為核證。「符牒」即為持符使者的身份證明，上書法會內容、時間、地點及奉請對象範圍，並由主法法師具牒證明，以利使者於送請書時，每遇關卡，均能暢行無阻。

　　其實聖人凡人，佛性都無差別，只因為一念之差造成迷與悟，才有眾生與佛的差別。水陸法會以大齋供普度十方，佛法僧三寶居諸天之首，只要動一念就可以召請得到，但六道眾生則屢屢呼喚而無法聽聞佛法，正在受苦的眾生，無法出離；邪見多的，則被自己的知見困住了。因此，必須請使者送符牒到天上、地府，向諸天、諸神、地府稟白，對於昏昧無知的眾生，以佛法規勸；極兇惡者，則攝之以威，這就是有請必來，無一不至。

　　將所有的符牒及名冊都塞入使者的包包中，接著由志工再將四匹官馬連同紙人使者搬到戶外快速火化，並燃放鞭炮為他們送行，表示他們都朝四面八方，不同的方向出發了。也許有人認為燒紙馬、燒紙人好像太迷信，其實佛教傳入中國後，廣大的平民百姓無法馬上了解佛法中所謂「無相」的意涵，因此要透過物質的東西或儀軌來表現心的慎重，例如，燒紙馬、紙人就像郵差送信，但諸佛菩薩並非一定要收到信，才會降臨會場，關鍵是要真誠地表達心意，自己本身要有所感受，才能感動心靈，稱為「冥陽兩利」，因此種種儀式是為了要讓功德主從外在的清淨到達內心的清淨。

待升起的水陸大幡(上)與九蓮燈(下)。

懸幡是在法會現場高立旗幡，上書：「啟建十方法界四聖六凡水陸普度大齋勝會道場功德之幡」，另外一旁懸掛九蓮燈，供晚間照明用，並作為地標的指引，讓受邀者能順利來臨。一般而言，幡懸得愈高，表示法會做得愈大。

內壇大隊人馬在完成發符的儀式後，接著慢慢往場外移動，在紙紮的鎮壇大將軍前進行一番唱誦，然後正式舉行升幡的儀式。一幅長有二十四公尺、寬一點五公尺的水陸大幡，在人力及起重機的通力合作下緩緩升起；並高懸九朵人工製作的大蓮花，稱為「九蓮燈」。鎮壇大將軍的主要用途在維持法會秩序，因為水陸時，各式各樣、有形無形的眾生都會齊聚在法會現場，因此需要一個護持的人來鎮守壇場，讓法會能夠順利地進行。

大老遠就可以看見九朵手工製作、串成的「九蓮燈」和啟建水陸法會的幡，高掛在數十公尺高的照明燈架上。蓮花給予人和諸佛菩薩相連結在一起的吉祥、清淨之感，隨著這些蓮花所串連起來的地標，在法會的四周，已不復有鬼月的陰森，反而有著諸佛庇護的寧靜，也洋溢著喜氣的味道。

懸幡後約莫都過中午了，但主法和尚還不能休息，他還要到場外「點榜」，用硃砂筆在水陸大榜畫點圈圈，註明水陸法會是由這些榜上的功德主所共同集資舉辦而成。

從凌晨到現在，足足經過十二個小時的佛事時間，許多人沒有闔眼休息，尤其法師們在佛事前根本就是處於備戰狀態，只見內壇法師撐著疲累的身軀，吃完午齋回寮休息。

延伸閱讀 ◆

榜文和點榜

水陸期間，場外可見到一面像是大學聯考的放榜名單，上前一看都是密密麻麻的人名，上有硃筆畫的圈圈，讓人聯想到古代的考試放榜。其實這是寺院叢林公告該寺舉行各種活動，通常用知單、貼榜、書狀和裨示等來表示，就像今天的公文或公告。寺院叢林（註5）因行事不同，各種公告的形式、地點也不同。

戒德老和尚於靈鷲山水陸法會點榜。

啟建水陸法會，於內壇結界後，榜文就張貼在法會的入口處，榜上的名單都是參加內壇功德主的名單，於發符懸幡後，請主法和尚拿硃筆「畫行」，就是點榜（點名），看看有無遺漏。榜文的內容除修齋眾善信的名單外，主要是告示大眾此次啟建水陸法會所誦諸經典、水陸相關科儀、燄口、齋天、齋供、護生等佛事，全部內容告示大眾。

結界後，不在榜上的大眾不得進入內壇，這是為「防範不淨、自招災咎」。此榜於法會圓滿日拆下，在送聖時焚化。

註5：指僧眾聚居的寺院，尤指禪宗寺院。以前印度一般都在城市的郊外，選擇幽靜的林地，建造精舍，所以僧眾居住的地方，即用阿蘭若、空閑、叢林等名稱之。

水陸法會的法師人力分工

● 主法一人

　　主法和尚在水陸時是信眾的精神指標，必須是一位相當有德行的人，主法在請、供時要負責依文做觀想，觀想好壞關係重大。因為供品有限，而來的眾生無量，必須透過觀想才能滿足這麼多眾生的需求。另外，還要帶領六道眾生打開煩惱的心結，得到佛法的法味，進而離苦得樂、往生極樂。主法、正表及副表成為「三師」。

● 正表一人

　　負責整場內壇佛事。所有舉腔、唱誦都以正表為主。

● **副表一人**

輔助正表唱誦。

● **香燈四人**

互相照應，搬取茶飯菜果、燒香點燭、維持壇場清潔、各項敲打法器要細心管顧，引領信眾跪拜，翻頁、上香、上供等等；舉凡內壇開始到收壇，一切事務都是香燈的責任。

《水陸儀軌》中說：「凡唱誦腔調，惟取響亮、輕緩和雅。」從1987年開始打水陸的如乘法師，即擔任副表，他說法務法師一定要相互配合好，因為這也是一種修行。唱誦久了，技巧會熟練，但重要的是有沒有道風，有品德的人唱出來的精神能真正帶領信眾，因為大家長時間跪在那邊，都是跟著你的聲音，整個精神也是繚繞在這裡，如果唱誦沒有到那個程度，大眾也不能攝心參加法會。所以每堂佛事的時間雖然長達三、四個小時，法師幾乎都是站著，但這不是站或坐的問題，而是心有沒有在那邊；心在，做的事自然就相應。水陸是所有佛事的大成，唱、念、拜、坐的工夫都很重要，水陸流程異常複雜，法師最好能熟讀《水陸儀軌會本》，佛事才能如理如法。

水陸儀文

聖凡體同，迷悟心異，今此修齋而致請，或云赴感之不齊。謂三寶諸天之居，固一念而可格；如六道群生之類，有屢呼而弗聞。蓋惡業重者，正苦留連，及邪見多者，自為障礙。非賴使人之捷疾，易通施者之勤渠，至若具奏牘以進梵王、錄情文而干帝釋、符地府泰山之所主、關城隍土境之諸神，咸仰體於至慈。即奉行於大赦。

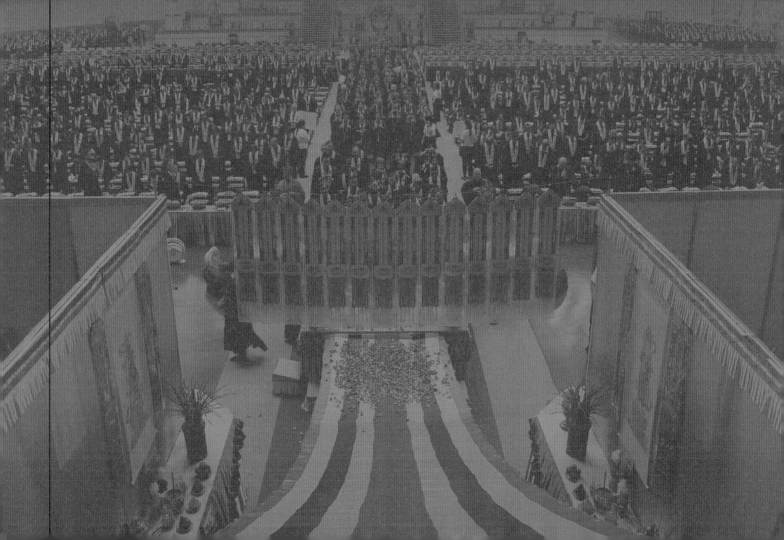

第六章
奉請上堂

水陸法會就是在做一個轉識成智，也是把當下我們在水陸法會當作我們的極樂世界，當作我們跟諸佛菩薩、群靈在一起成就一個淨土的地方。所以是在發動淨土的一個大愛，來讓接觸我們的眾生都能夠得到淨化，都能夠離苦，都能夠有正知正見，而能夠產生無量的法喜、無量的慈悲，這個當下的世界才是我們要耕耘的地方。
——靈鷲山心道法師

奉請上堂的意義就是禮請諸佛、菩薩、聖人等蒞臨法會，悲憫眾生，為眾生宣說佛法。

第四天凌晨兩點左右要開始請上堂，這時大眾翻堂回來正對佛前。三個小時前，外壇才剛結束「燄口」佛事，所以會場一直還是人聲鼎沸，尤其是負責煮飯菜的香積組，爐火幾乎二十四小時沒有停過，供應大眾色香味美的素食佳餚。一時間覺得自己好像回到了兒時大拜拜的回憶中，蹲在水槽邊洗手，一面看著大人紛至沓來，又是洗菜、炸炒、湯湯水水，汗水淋漓，最後排出一盤盤美麗的菜色，送到每一桌，如同辦喜事的熱鬧味兒！

上堂共有十席，邀請的全部都是諸佛菩薩、大聖人。在這場佛事中，所有內壇功德主以至誠之心代替自身的歷代祖先、累世累劫父母、冤親債主，禮請諸佛蒞臨法會。

這時從看臺上垂下一條五彩的長布條，稱之為「仙橋」，仙橋上方懸掛著十張書寫上堂十席總名的小幡，桌上還放置十張紙做的「龍車」。因為古時候，水陸發跡於皇室，只有皇帝或王宮貴族才有能力舉辦，因此「龍車鳳輦」就是當時最尊貴的交通工具，所以用來恭迎諸佛聖眾降臨。

符紙上繪有上堂聖眾交通工具。

書寫上堂十席總名的小幡。

　　此外旁邊還設有一個沐浴亭，裡頭放個大臉盆、毛巾兩條及盥洗用具，時候到時，會有志工倒入溫水，旁邊還放著一百零五張黃紙做的，給諸佛菩薩穿的新衣——「佛衣」，準備「沐浴亭」禮請諸佛及賢聖進入沐浴更新衣。學佛弟子都應知道，諸佛菩薩福慧圓滿，並不需要沐浴洗塵，反而是凡夫如我，罪障深重，才需要淨治、開妙悟。此時主法觀想聖眾進入沐浴亭、洗滌塵勞，事實上是在清淨自身呢！接著大眾觀想將準備的宮殿、寶座、妙樂、妙香、餚膳及鮮花變成極為精緻美妙，數量很多，來供養諸佛菩薩，然後觀想沐浴亭內的池水都變為聖眾所需的一切

左上：將聖眾請入沐浴亭中，就將簾幕放下，三師和尚帶領大眾唱誦觀修。

右上：沐浴亭內的擺設。

左圖：「香花迎、香花請」，代表迎請聖眾的功德主投擲鮮花到仙橋布上。

下圖：焚化佛衣供給上堂十席聖眾。

資具。最後虔誠禮請諸佛慈憫，為眾生宣說正法。隨著佛事進行，每迎請一席的聖眾，代表迎請的功德主就出列，走到仙橋布前，投擲鮮花到仙橋布上，表示「香花迎、香花請」，還要焚化一張張「龍車」，迎請聖眾駕龍車降臨。主法的和尚需觀想十方諸佛及聖人各各雲集而來，充滿虛空，了了可見。

上堂十席聖眾

● 第一席：過去、現在、未來及十方法界一切諸佛

水陸大齋以佛為主，佛又以釋迦牟尼佛為主，所以在水陸畫中，釋迦佛居中央，東有藥師佛，為群生安樂之庇；西有阿彌陀佛，為六道皈依之主，下方則繪下一個新佛：彌勒佛。

● 第二席：法

佛陀在世時，在菩提樹下成道，稱為佛寶；說十二部經為法寶；度五比丘等為僧寶。佛陀滅度後則以佛像為佛寶、經書為法寶、出家人為僧寶。因此這一席的水陸畫上繪有護法神手捧各種經書，而這些經書就是外壇每天共修念誦的大乘經典。

水陸儀文

蓮華藏海，當體圓成；流泉浴池，隨處顯發。湛湛兮八功德水，巍巍乎五分法身。須知諸佛元不洗塵，為欲眾生皆令離垢，想見受茲灌沐。夜月之印澄潭，現諸威儀；朝曦之升遠漢，敬宣密語。請濯溫泉，用表法門，不壞世諦。

● 第三席：菩薩

菩薩威德次於佛，頭戴天冠，有常見的文殊、普賢、觀音、大勢至及地藏菩薩。右軸的水陸畫繪有《法華經》上提及的九種修行法，統括十方僧眾；左軸則繪有極樂世界與兜率天的僧眾，表示娑婆世界的僧眾多生在這兩個地方。

● 第四席：緣覺

音譯詞是辟支佛，其意譯通常作「獨覺」、「緣覺」，是佛教中無師自證菩提，但離群索居獨自修行不說法化眾的聖者，主要由宿世福德、利根，善觀十二因緣而悟道。

● 第五席：聲聞

以佛陀為師，親聞教法且遵從佛陀的言傳身教，持戒修行趨向解脫而證得涅槃的聖者，即「阿羅漢」。阿羅漢有三個意義——

1. 無生：下一生不再受生，也就是不再投生於六道之中。

2. 殺賊：斷盡「執著有我」而產生的所有煩惱。

3. 應供：堪受人天的供養。

● 第六席：禪、律諸宗祖師

如天臺宗智者大師、賢首宗清涼澄觀國師、慈恩宗玄奘法師、律宗南山律師、懺摩宗悟達國師、法性宗僧肇大師、密部金剛智灌頂國師、禪宗各大祖師、淨土宗蓮池大師等。各各搭衣，盤腿正坐。

● 第七席：助宣佛化、持明造論的五神通仙

　　如過去十方諸佛乃至釋迦佛未成佛時，同行的五神通仙；釋迦佛說法時出現的各種仙人、居住於現在這個世界的八個仙人、諸國土中習諸咒術的諸大仙人。五神通是指五種高超的穿透認知能力，分別為他心通、天眼通、天耳通、神足通、宿命通。

● 第八席：十大明王、穢跡金剛、梵釋二王、護世四王、天龍八部、護法諸天

　　十大明王為諸佛菩薩之憤怒化現，均頂戴佛像，威德具足。齋天禮請之天眾，與結界的護法金剛，均位列此席。

● 第九席：守護佛舍利壇塔、伽藍齋戒、護國鎮宅的諸大神王

　　此席護法，各有專司，普護伽藍。身穿甲冑，極為猛厲，手執戈矛，威力次於第八席。（註6）

● 第十席：發揚水陸、流通至教、製儀立法的諸大士

　　此席僧俗俱列，為報答發揚、繼述水陸之恩。歷代創建、中興、弘揚水陸齋法有功的凡人位列在此，和諸佛聖眾同處上堂中，可見得弘揚水陸齋法的功德之殊勝，可使凡人位列上堂。因此，像阿難尊者、梁武帝或寶誌禪師，歷代乃至現代弘揚水陸的人，其名號都書寫在第十席的牌位上。

註6：舍利，梵語śarīra為遺骨之意。亦作實利、設利羅、室利羅。意譯體、身、身骨、遺身。通常指佛陀的遺骨，佛陀遺體焚化後結晶而成的固體物，如佛舍利、佛骨、佛牙舍利、佛指舍利等等。它的形成是日積月累長年修持，功德昭著的成就標誌，是戒、定、慧三學熏修的成果。《金光明經》卷四〈捨身品〉云：「舍利者，是戒定慧之所熏修，甚難可得，最上福田。」

延伸閱讀

佛事舉行時間的原則

依中國傳統，清晨是最好的時間，代表我們的尊敬心，所以這段時間用來請佛。在佛陀時代，印度將一天分成六個時段，稱為「晝夜六時」。

白天的三個時段分別是——

・晨朝（清晨六點到十點）

・日中（早上十點到下午二點）

・日沒（下午二點到六點）

晚上的三個時段是——

・初夜（晚上六點到十點）

・中夜（晚上十點到凌晨二點）

・後夜（凌晨二點到清晨六點）

佛陀時，僧團於中夜休息睡眠，其他時段用來精進用功辦道，冥界眾生的作息時間則在下午，因此召請的時間是在午後。

心道法師與水陸

　　世界上到底有沒有鬼？佛教說「六道輪迴」，眾生各依其業而趣往。六道，是指地獄、餓鬼、畜生、阿修羅、人、天等六種世界。眾生由於自己的業未盡，所以會在六道中受無窮流轉生死輪迴的苦，稱為「六道輪迴」。

　　曾經有人請問心道法師：「確實有鬼存在嗎？」

　　「確實有六道，六道中也確實有鬼道。但是現下是人道，既然是人道的因緣，就不要提早去感應鬼道的生活。否則，很快就會到鬼道去報到，而鬼的生活比人的生活痛苦多了。沒有福報，死了就變成鬼，就形成果報。」心道法師如是說。

● 塚間修禪

　　心道法師從1974年開始清淨的獨居生活。「生死事大」，法師明白佛教中一切的修持法門，都是為了脫生死的問題，特別選擇在塚間修禪。

　　在那個寂靜的世界，墳塚隨處可見，死屍臭爛。有時，甚至會看到蟲鳥噬食死屍的現象。也因面對著這人生殘酷的現實，更容易修持「無常、苦、空」的觀想。

　　1975年心道法師前往宜蘭礁溪圓明寺，1976年更前往莿仔崙骨塔（靈山塔）繼續獨修，這段時間面對到了另一道的眾生。最先，心道法師於圓明寺打坐的地方靠近門邊。某夜，殘破不堪的兩扇木門已經關好。突然，「篤、篤」的敲門聲劃破寂靜黑夜，不一會兒，木門猛然打開了。當時，心道法師雖然雙眼微閉，卻可清清楚楚地感覺到有「人」輕輕地飄了進來。直到天快亮時，便聽到門被打開的聲音，進進出出、來來往往。

　　爾後，在一個夜黑月隱風雨交加的深夜，心道法師如往常一般在靈山塔內打坐。於風雨哀吼中，霍地傳來一陣一陣細絮的哭泣聲，其聲極度哀淒，像是遭受到了人世間最不幸的境遇，聽了令人也忍不住地心酸……傾聽之下，才發現聲音是從樓下放骨灰的地方傳來。順著聲音去尋找，卻什麼也沒找到。返回二樓時，啜泣聲又傳入耳。當下，心道法師即開始持誦〈大悲咒〉。結果，咒還沒念完，啜泣聲就斷了，消失無蹤，而且從此以後，再也聽不到這令人為之酸惻的哀哭聲。

● 普澤幽冥眾生

　　雖然置身在這個異於尋常的特殊環境，會時常遇到很多令人難以想像的事情。但幽冥界的眾生，非但沒有嚇阻到心道法師，反成為助道的因緣，更加地堅固心道法師如如不動的道心，只要努力向道，鬼神也會恭敬護持。

　　就因心道法師早期在塚間修持，看盡了生離死別，深深感受到六道眾生所受的痛苦，遂起了大悲心，發願要度化這些惡道眾生，修持百次圓滿大施食，將個人精深的禪修與親證的佛法，普澤眾生、令其離苦得樂。

　　心道法師在墳塚間苦行時，常感應到幽冥界眾生的痛苦，一心修行的他，當時就在墓地發願，希望眾生成就他的修行，將來若有成就一定會超度他們。當時心道法師常常念〈大悲咒〉迴向給眾生，一直到現在，每月都在無生道場親自做圓滿施食（密宗的超度法），每年做水陸法會超度冥界眾生。心道法師原本發願要做三年水陸普度眾生，但辦了三年後，許多信眾得到了很大的感受，紛紛希望繼續舉辦，因此靈鷲山的水陸法會從第四年開始就是大眾一齊發願舉行；至今，水陸已連續舉辦三十年，每年參加人數都在萬人以上。

● **一切法皆由心生**

　　心道法師說：「我從墓地開始超度他們，到現在沒有終止過，每個月（圓滿施食）我都很用心超度，但往往一個小時下來，整個身體好像脫水一樣、很疲倦，因為要承擔他們的苦惱。幽冥眾生沒有身體，但是有心念，而我有身體，他們的心念會傳到我的身體上，然後我就會感受到他們的苦，超度就是要承擔，為他們消除這些業氣。然後倚仗佛菩薩的力量，佛光普照，最好就把他們度去投生為人，重新開始，能度到極樂世界，當然更好。」

　　眾生雖因其造業結果，墜入鬼道，但有福氣的鬼，若有因緣聽聞佛法，絕對是求之若渴。

　　但是，鬼道眾生是實有的嗎？佛陀說：「萬法由心生。如果你的心不生，一切法又從何生起？」心道法師亦如是說，一切法是夢幻泡影，鬼道世界更是夢幻泡影。

第七章
奉供上堂

身體壞了就死去了，但是我們的心不會死，會再繁殖、再出世、再造另一個形體出來。若不知道這個道理，心就沒有頭緒，到哪裡算哪裡。這樣一來，得到的果報業就是起起落落的生命，一會兒好命、一會兒歹命；一會兒好運、一會兒歹運。若知道我們的言行舉止、起心動念都是因果，就應該規劃我們的言行舉止，成為念念善心。
──靈鷲山心道法師

供上堂的意義是修齋施主，向奉請至內壇十席之諸佛、菩薩、賢聖，敬獻六塵妙供，以表對諸佛菩薩的虔敬之心。

請上堂結束並吃過早齋後，早上八點馬上接著要供上堂，現場有主辦寺方準備的六塵妙供：

1. 香：沉香。

2. 花：鮮花。

3. 燈：燈燭。

4. 食、衣：飲食、茶、果及紅袈裟祖衣。

5. 寶：七珍八寶。

6. 法：經典。

功德主們用各式各樣清淨的珍貴寶物，舉凡手錶、項鍊、戒指、念珠等，用來獻供給諸佛菩薩，以恭敬尊重的心意，透過至誠供養來積累善根功德；更有些人為了獻供，而特別將家中的奇珍異寶帶來會場，將這些珍寶全在內壇志工的協助下，集中到獻供桌上，共襄盛舉。等到佛事圓滿結束後，這些各自的寶貝供品都會發放回來，各歸其處。不少功德主曾透露，當拿回自己所供奉的珍寶時，發現似乎都變得亮晶晶，閃耀著柔和透亮的光芒呢！

供上堂，顧名思義就是諸佛菩薩請來後，要做供養的意思。法會除了在每一席準備豐盛的供飯、菜外，還有「六塵妙供」，就是把世間認為最珍貴的六種寶物，全都供養諸佛。

誦過供養文後，開始一席席上供，主法與齋主均需依序到各席上香，向諸佛菩薩等表明誠心供養之意，並請求諸佛菩薩納受。在奉供時，就會見到法師帶著齋主，在鐃鈴、唱誦聲中，依照席次，輪番上香，誠心禮拜。主法和尚更需在各席奉供之後，觀想諸佛菩薩、賢聖等歡喜納受一切的供養。

供養是修齋施主們表達對諸佛、菩薩、聖眾最高的敬意。「奉供上堂」的殊勝功德，可作為成佛的資糧，從中不但能學習喜捨布施，且能薰養對佛的恭敬。供上堂包括了財施和法施，財施是以物質供養而言，如世間的珍寶、花、香、飲食、衣服等；法施，則是指說法給人聽，聽聞大乘佛法，發起實踐自利利他的菩提心。這是最高貴的供養，就如《華嚴經》所說的：「諸供養中，法供養最。」

獻供桌上，總能看到信眾獻給諸佛菩薩的奇珍異寶。

人的一個心念足以遍滿虛空法界，清淨的身口意同樣也是無住無礙，世間最寶貴的供養，莫過於以最誠懇的心念來供養。在《佛說輪轉五道罪福報應經》中，佛曾對阿難尊者說：「賢者好布施，天神自扶將，施一得萬倍，安樂壽命長。今日大布施，其福不可量，皆當得佛道，度脫於十方。」

在獻每一種供養時，主要都是靠主法和尚的觀想力，將有限的供品，觀想成如雲般地眾多，遍滿在諸佛面前。又最殊勝的供養莫過於「三輪體空」，就布施而言，施者、受者與所施之物，謂之三輪。行布施之時心中無施者、受者、所施之物的差別，名為三輪體空。這樣就不會執著於物相，才是真正的法供養。

上圖：法師帶領齋主上香。
下圖：齋主以供養表達對上堂聖眾的敬意。

齋主代表上供六塵妙供後，志工接著就將一盤盤供過的寶物端到每一個功德主面前，讓大家摸摸盤底，只見每個人都很期待這一刻，興高采烈地摸過盤底後，再摸摸自己的頭頂，沾沾福氣

延伸閱讀

參與水陸法會應有的心念

水陸法會功德殊勝，莊嚴的佛事連續進行七天，在動員龐大的人力、物力的情況下，到底要以何種心念來籌辦法會，才算有大功德，可以利益所有眾生呢？

精研唯識學的淨蓮法師說：「其實，我們的心就是法界，因為『萬法唯識』，也就是『唯有識』，也可以說一切都是『心識的存在』。換言之，一切唯心造，所以心念是非常重要的。」

淨蓮法師以為，整個法界不管如何被劃分，六道也好、六凡四聖的十法界也好，其實整個法界都是心意識的顯現。如此一來，不管是和十法界的眾生，或是和諸佛菩薩，我們和他們都是同在一起。我們整個心如果安住在法界，整個法界就是我們的心。所以必須用法界的心來面對水陸法會。法會中的唱誦、儀軌、觀想，乃至任何細節，都是和整個法界同步進行。如果能用這樣的心打水陸，功德就很不可思議，因為它牽動整個法界，當法會進行到什麼程度，整個法界就跟著進行到什麼程度。

其實，我們不只在辦活動的時候才需要這種和法界同步的心。平常修行時，我們也需要這種法界心。當一切的心跟法界同步進行時，心就安住於法界，這樣就沒有分別心，功德只有在不執著時才不可思議。

平常，我們無法將心安住於法界，那是因為還有「我」的觀念。我們總是要將「他家的事」和「我家的事」分一分，但其實萬事萬物都和我們當下的心念有關，如果能以法界同體的心來修行，這樣「你家的事」和「我家的事」就沒有什麼分別了。

水陸法會是大家的事，法會的超度也是一樣，不管我們超度多少信眾的祖先，一切都在替自己的親人、六親眷屬超度，因為法界同體，至誠歡喜地，這就是法界心；不分彼此地做事，功德不可思議。我們該以這樣的態度面對水陸法會，面對生命的一切。

水陸儀文

　　唯是一心，唯是一食，以唯食則一切法趣食，以唯心則一切食趣心，此心融時食亦融，於法等者食亦等，是則普入三際，其性常住，大包十虛，其體恆周。

　　性常住故，一念不生，體恆周故，當處不動，不動則一切處有，不生則一切念空，一切念空兮真空不空，一切處有兮妙有非有，圓照二諦兮不取不捨，融會一如兮絕言絕思。

　　如是觀心，如是觀食，何心非食，何食非心，是為同一覺緣，畢竟俱名法界。

獻狀疏──法界密碼

　　供上堂佛事圓滿後，利用晚間內壇沒有佛事時，這時香燈法師捧來近三百道獻狀疏，一一放入二十四席的所有牌位中。

　　獻狀疏的內文形式與一般疏文相似，將啟建水陸法會，恭請十方法界四聖六凡、萬德萬靈光降法筵的法會緣起，以及此次水陸所誦諸經典、燄口、齋天、齋供、護生、金銀綵緞座帽、經幡、錢采、龍鳳車乘等各種儀式，記載得相當清楚，作用是「如上合秉功熏、奉申迴向」。

　　內文中也有主法和尚之德號，以及一切修齋眾善信之名單。此獻狀疏裝於內壇上、下堂各席牌位等，總數近三百，稱之為「三百道獻狀」，於每一張牌位內裝入獻狀疏一張；在內壇的發符、告赦、送判宣疏佛事中，配合佛事儀軌迴向。

　　水陸法會圓滿日送聖時，由主法和尚率眾法師及修齋善信齊同迴向。由於水陸法會規模浩大，每年報名內壇人數增多，每次須將超過六千筆的功德主的名單縮小影印，收入「獻狀疏」內。由於數量龐大，數次影印後的功德主名單已縮小到僅可辨識的大小，文書組的法師常說這是「密碼」，再將獻狀疏逐一放入內壇二十四席的牌位中，代表迎請法界一切聖眾光降水陸道場，加持所有與會的修齋功德主。三百道獻狀，由此可見水陸之殊勝。

上供注意事項

　　己所不欲，勿施於人。一切供養應力求虔誠禮敬，以方便心，將精緻、完好的供品拿來供養諸佛，否則有名無實，難感佛天歡喜，豈不可惜。

1. 不可將供過的食品再重覆供。

2. 蔬菜飯食須烹調熟食，不可用生冷、不可吃的供品上供。

3. 香燭燈果等，如不小心掉落地面則不用。

三百道獻狀疏要逐一放入二十四席的牌位中，代表所有內壇功德主的誠心邀請。

第八章
告赦

為什麼要做水陸法會？就是讓自己、讓其他人有機會來認識這個了脫生死、離苦得樂的方法。就算不能成佛，至少可以開開心心地輪迴。要開心地輪迴就要做利他的工作。
——靈鷲山心道法師

恭請神通自在、威德難量梵釋二天捷疾持赦使者，攜帶兩封赦書及一道赦牒，上達梵天與帝釋天，下至地府及城隍土境，向帝釋天、閻王與土地神祇陳情，讓水深火熱受苦受難的六道群靈得大赦，得以參加法會，這就是告赦。

告赦在第五天凌晨舉行，擂鼓三陣，齋主迎請法師進壇，依序捻香問訊，禮拜十方法界諸佛。

供上堂之後，接下來就是請供下堂六道群靈。因為法會最主要目的是在於超度一切孤魂餓鬼。但六道眾生因造業多、罪障重，召請時未必能立即前來，這樣普度的功能就大為失色了。所以結界時，除了委請「四天捷疾持符使者」送邀請函恭請上堂諸天外，還有其他三位：「空行、地行、地府捷疾持符使者」，都去邀請下堂六道一切群靈。

但又恐怕地府的幽囚不能自由行動，因此告赦佛事就是請一位「梵釋二天捷疾持赦使者」將赦書送達梵天、帝釋天、地府及城隍等地方境內，希望能夠放行一切受苦眾生，前赴水陸道場，接受齋供聽聞佛法，永脫幽途，轉生淨土。

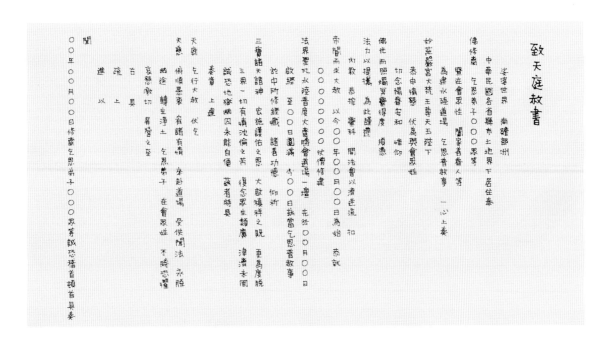

　　告赦佛事之前，志工先將「梵釋二天捷疾特赦使者」紙人及白紙馬一座，搬到內壇出口處，並於座前供水果，菜六大碗，茶、飯、饅頭等。桌上準備兩封赦書、一道赦牒及疏套三個。告赦時是翻堂舉行，主法與正、副表和尚都移到壇城後方出口臨時搭好的壇前，法師與功德主轉身面對出口。

　　宣召請文、召請真言後，主法觀想持赦使者率領百千眷屬從空中降臨，依位而立。主法對使者宣讀功德文疏，使其了解法會內容殊勝，所謂：「聖凡異念，幽顯殊途，非藉使者之力，訊息實難遍達各方，故此特請使者光臨，以助赦書之傳達。」

　　赦書中奏請妙莊嚴宮大梵王尊天及忉利天宮大帝釋尊天，在水陸期間，普赦一切群靈前赴道場，受供聞法，得以轉生淨土。主法為使者宣讀赦書、赦牒之後，還請使者與眷屬先享用準備的一切供飯菜再出發；香燈法師同時將兩封赦書、一道赦牒及一副緞貌（註7）放入赦官身上的背袋中，由志工將馬及使者抬到外面的廣場引火焚化，放鞭炮，表示持赦使者已經正式出發了。

　　清晨告赦圓滿後，兩位香燈法師到佛前各自恭讀《地藏經》，上堂各席也必須同時上供飯菜，恭請正表、副表和尚做午供。

註7：一副緞貌是用五張不同顏色的紙捲成的，上並插著紙梨花，和牌位黏在一起。在古時候，為了表示對每一席、每一個恭請來的聖賢或眾生極為尊敬及供養之意，就用五種珍貴的綢緞及鮮花做成緞貌來供養他們。流傳至今，五種綢緞改以五種世間尊貴的顏色、緞改為紙，鮮花以紙花代替，都是供養的意思。

左上：準備送往梵釋二天的赦書。

上圖：法師手持赦書，準備將赦書放入使者
　　　身上的背包中。

左圖：特赦使者背著裝有兩封赦書及緞貌的
　　　背包前往梵釋二天送赦書。紙馬口中
　　　的草，是奧運賽馬在吃的盤古拉草。

延伸閱讀 ▼

至誠發心，方能消災增福

在《水陸儀軌‧卷四》中，明代屠長卿記載了一段感應事蹟：

通州司馬顧養謙的夫人往生之後，家人請來法師念經拜懺，作了許多功德。過了幾年，有一名侍妾突然死了，隔天卻哭著醒來，說道：「我剛剛進入地府，見到死去的夫人住在一間幽暗的小房間，還以薄布遮住臉對我說：『我在這裡苦不堪言，快點做功德來救我！』」

當時我（侍妾）就疑惑著說：「夫人過世之後，我們馬上做了許多功德給您，並非無情無義的人呀！」

夫人回答侍妾：「做佛事得需功德主齋戒至誠發心護念，才能夠減去罪孽消災增福。那個時候法師們在堂前持誦，老爺卻請客人在客廳飲酒下棋，對我能有什麼幫助呢？」

這名侍妾問：「夫人既然希望我能幫您傳話，何不掀開面紗讓我見見您！」夫人聽後立刻啜泣說：「昔日姣好的面容，如今已殘敗不堪，可惜不能與妳相見，這樣吧！妳試著摸我的腳踝，就知道了。」侍妾小心翼翼地以手指稍微碰了碰夫人。頃刻，夫人的腳踝敗壞得像枯木一樣。

通州司馬顧養謙聽到這名侍妾的經歷後放聲大哭，擇日敦請具戒德清譽的名僧，以清淨嚴肅的心情發心護念，接連舉辦三天三夜隆重的佛事迴向給亡妻。

這是屠長卿親眼看到記錄下來的。所以只要是念誦禮拜，不管法師或居士都應虔誠禮拜，才不會白忙一場。更何況舉辦水陸法會這麼盛大的佛事，更應該發虔敬的心！

第九章
奉請下堂

人生如戲，每一個人都是人生大戲裡的一個角色；生生死死，就是為了去戲裡軋一角。到底扮演什麼角色呢？就像哪個地方、哪一家缺了什麼貨，就要送到那個地方去；譬如我欠了某個人的債，他現在欠個老婆或要找丈夫，我就得趕緊去報到。人並不是一定要到老才會死，該死的時候就會死；何謂該死的時候？就是有另外的緣在等你去配他的戲的時候。
——靈鷲山心道法師

請下堂就是召請六道眾生前來參加法會。

連續三天下來，內壇法事都從半夜開始，可說完全打亂平常的生活習慣。但當大家看到年歲已高的三師和尚，帶領大眾跪拜、唱誦，更是加倍辛苦，內心除了佩服、讚歎之外，自己又豈能偷懶。

第五天凌晨才剛告赦完，中午請下堂，晚上又有幽冥戒。請下堂是所有佛事中，時間最長的一場。因為要召請的對象實在太多，下堂共有十四席，佛事時間長達五小時，中午進場後，要到傍晚才出場。

走進內壇，仙橋布早已垂掛好了，上方懸掛著十四張小幡，雖然僅有十四張不起眼的小幡，卻是六道眾生的指標。六道眾生都是用雲鶴作為交通工具，所以桌上還放置十四張紙雲鶴；另外，一旁也備有沐浴亭，並放置一千三百件，代表著各類眾生總集的數目，要給六道眾生穿著的紙冥衣、裙、褲。

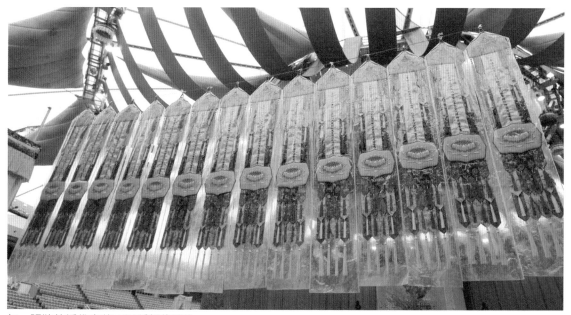

每一張牌位幡代表著不同種類的眾生。

黑牌位是代表六道群生受薦亡靈的牌位。

繪上雲鶴圖案的符紙。

最特別的是，桌上特別放置一座比任何牌位都大的「黑牌位」，上面以白字寫著「六道群生受薦亡靈並序列於此參禮」，這是代表所有受薦亡靈的牌位。

召請流程

奉請下堂十四席，六道一切眾生 → 召請諸類孤魂 → 說破地獄偈 → 開道路 → 離怖畏 → 開咽喉 → 解怨結 → 沐浴 → 治衣 → 淨六根三業 → 燃香達信 → 為六道群生奉請三寶 → 皈依 → 迴向

雖然請下堂的時間很長，對每個人來說都是耐力大考驗，經過這些環環相扣的召請流程後，都會被法會的嚴謹、慎重深深感動，不自覺地充滿歡喜心，因為六道眾生終於如願以償來到法會現場，不僅沒有陰森恐怖，令人毛骨悚然的感覺，反而在諸佛菩薩、諸多聖眾的環繞下，眾生皆得以洗滌內外垢染、塵勞，穿著新衣高高興興地赴盛會，並先皈依三寶，虔敬期待地準備聆聽法要。

從各方來的六道眾生，因久處苦難，不僅身形垢穢，內心更是深懷恐懼。為了清淨他們的業障，莊嚴威儀，好讓這些眾生安詳與會，必須進行奉請。

《水陸儀軌會本・卷三》記載：

「今則三尊畢會，六趣咸臻，將同稟於真修，必先祛於宿憾，忍心一發，辱境何存？念仇讎本我親姻，視男女皆吾父母，永銷結恨，各起深歡，袂屬裙聯，直趣菩提之路。心開意解，咸登解脫之場，母自失於良時，當進求於勝益。」

奉請每席時，大眾都出位走到仙橋布前，投擲鮮花迎請眾生到臨，眾生來臨之後，先住在仙橋布（觀想為清淨的道路）上廣大莊嚴的宮殿中，香燈法師則每奉請一席就焚化一張雲鶴，表示六道眾生駕鶴蒞臨；眾生迎請來之後先進沐浴亭，沐浴時，外場則同時焚化冥衣。

仙橋布上布滿鮮花，六道眾生將赴法會現場，皈依於三寶。

● 奉請下堂十四席，六道一切眾生

· 第一席：禪，六欲諸天，日月星天，天曹聖眾。

主法觀想無量的諸天聖賢，天龍神鬼乃至當地城隍寺廟，一切靈神從空中而來。

· 第二席：五嶽四瀆，地載遊空，福德諸神，係祀靈廟。

主法觀想無數的五嶽、伏桑海王、福德諸神從空中而來。

· 第三席：帝王總統，文武官僚，儒宗賢哲，仙道隱逸。

主法觀想帝王、國家元首、儒宗仙道及未得道果的出家眾從空中而來。

· 第四席：農民工商，醫卜雜流，貴賤男女，十類人倫。

主法觀想所有無量士農工商的男、女眾及功德主家的祖宗、親眷、怨親仇敵，從四方來臨。

· 第五席：四類受生，五趣所攝，山間海底，阿修羅眾。

主法觀想化生天道、胎生人道、卵生鬼道及濕生畜生道的各種阿修羅眾。

· 第六席：燄口鬼王，三品九類，諸餓鬼眾，橫死孤魂。

主法觀想燄口鬼王率領無量的餓鬼、孤魂從四方來。

· 第七席：閻摩羅王，十王王妹，十八小王，諸司主吏。

主法觀想地府諸王、官吏從地下上來。

· 第八席：八熱八寒，諸大地獄，諸獨孤獄，一切受苦囚徒。

主法觀想諸八熱及八寒地獄中的一切囚徒已先得到了赦免，可以自由活動，如今受到召請，都前來法會現場。

‧第九席：正住鐵圍山間，邊住遍五趣中，鱗甲羽毛，十類傍生。

主法觀想諸類傍生，如各式各樣的奇珍異獸或一切飛禽走獸、昆蟲類乃至浮游生物從四方來。

‧第十席：諸趣往來，七七日內，七返受生，中陰趣眾。

主法觀想七趣（註8）中陰（註9），一切眾生，無央數眾，其形如同五、六歲小孩，從四方來。

‧第十一席：本寺齋家，當境城隍列廟，各處鄉坊，係祀靈祠，諸侯王眾。

主法觀想齋家所居住和建水陸道場所在的省縣城隍廟神眾，從四方來。

‧第十二席：本寺伽藍，住居六神，齋主奉祀，香火諸神。

主法觀想修建水陸的寺廟之護法神及各種神眾、居住齋家的各種神眾，從四方來。

‧第十三席：齋家上世，祖宗亡靈，師友親眷，諸位神儀。

主法觀想齋家的上世祖宗親眷、受教師、同學朋友、恩主義父、諸姑姊妹母舅、妻家等，先遠歷代宗親從四方來。

‧第十四席：當壇正薦，某某神儀，某某堂上，歷代祖宗，俗氏親眷，諸位神儀。

主法觀想所要召請歷代祖宗或因特殊因緣要超薦的亡靈，隨所生處，即得覺知，從空中來；主法觀想打水陸道場的本寺歷代祖師，各整威儀前來。

▋ 註8：七趣，即地獄趣、餓鬼趣、畜生趣、人趣、神仙趣、天趣、阿修羅趣。《楞嚴經‧卷九》云：「如是地獄、餓鬼、畜生、人及神仙，天洎修羅，精研七趣，皆是昏沉，諸有為想，妄想受生，妄想隨業。」

▋ 註9：中陰，又作「中有」，指眾生自死亡到再次受生期間的識身，乃是由意所生的化生身，稱為意生身，非肉眼可見。《大寶積經‧卷五十六》記載：「地獄的中有，容貌醜陋，如燒朽木；畜生的中有，其色如煙；餓鬼的中有，其色如水；人、天的中有，形如金色。」

● 召請諸類孤魂

一切橫死孤魂再次分類召請：

一、一心奉請，十方法界，諸國君臣，后妃封君，橫死孤魂，并諸眷屬。

二、一心奉請，十方法界，士農工商，一切人倫，橫死孤魂，并諸眷屬。

三、一心奉請，十方法界，諸國軍民，戰陣殺傷，橫死孤魂，并諸眷屬。

四、一心奉請，十方法界，諸國人民，遭罹刑獄，橫死孤魂，并諸眷屬。

五、一心奉請，十方法界，諸國人民，咒詛怨讎，橫死孤魂，并諸眷屬。

六、一心奉請，十方法界，諸國人民，沒溺波濤，橫死孤魂，并諸眷屬。

七、一心奉請，十方法界，江海之內，專行劫盜，橫死孤魂，并諸眷屬。

八、一心奉請，十方法界，邪鬼妖精，侵害善人，橫死孤魂，并諸眷屬。

九、一心奉請，十方法界，諸國人民，瘵勞傳染，橫死孤魂，并諸眷屬。

十、一心奉請，十方法界，諸國人民，虎噬傷亡，橫死孤魂，并諸眷屬。

十一、一心奉請，十方法界，諸國人民，產亡乳絕，橫死孤魂，并諸眷屬。

十二、一心奉請，十方法界，佃漁殺害，一切生靈，橫死孤魂，并諸眷屬。

● 說破地獄偈

「若人欲了知，三世一切佛，應觀法界性，一切唯心造。」

　　主法觀想地獄囚徒，業障深重者，雖蒙召請，仍無法脫離痛苦前來法會：

　　「三寶垂恩，九天肆赦，凡茲有召，無或不來，唯地府之拘囚，以罪根之深固，此界他界之隔異，正住邊住之分殊。鐵釘釘體，則遍體皆瘡，石磨磨身，則全身俱碎，烈火洞胸而赫赤，烊銅灌口以淋漓。以受苦正爾昏迷，故聞命莫之領曉。斯繇自業之為障，且非主者之不慈。」

　　因此，主法誦七遍破地獄偈及四十九遍破地獄真言，觀想十方地獄鐵城門戶一振而開，一切苦具悉皆隱沒，一切囚徒聽到咒音，都識得本心，互相通報，來到法會之中，祈求解脫。

主法和尚至誠帶領大眾如法如儀地進行佛事。

● 開道路

「故凡居有性之倫，盡優入無遮之會。至於俱造十惡，久處三塗，雖令自便於此時，猶或未通於前路。跌足於險巇之地，麋身於幽暗之鄉，若此多艱，何能善達。」

又恐怕無數眾生因惡業障礙，迷失道路，障阻重重，無法順利到達，此時主法依靠開道路真言咒力，令眾生即得平坦大道來到法會。

● 離怖畏

「六凡類多，極顯冥而俱至；三尊威重，諒畏愛之兼懷。非憑方便，慰悅眾心，恐或逡巡，卻退一面。乃宣秘語，以被前機，冀頓忘驚怖之情，俾咸獲安詳而住。」

眾生雖然都來到法會，但因受曾造惡業障礙，內心畏怯，主法再誦離怖畏真言，令眾生身心安泰，無所恐懼。

● 開咽喉

「彼醜其形，斯名曰鬼。頭若山峰之聳，咽如針孔之微，悵水漿之莫通，諒饑餒之惟甚。三塗雖異，眾類良多，以因行之或同，故果報之相似。用宣秘密，大破慳貪，冀飲膳之甘和，必喉吭之寬暢。」

地獄、畜生、餓鬼三塗中的眾生因宿業障礙，所以喉嚨微細，飲食不通，主法持誦開咽喉密咒，他們的喉嚨就變得非常寬大、暢通，可以順利飲食了。

● 解怨結

「諸法本空，寧有我人之相，此心無黨，何分恩怨之情。由不了外境之非他，故妄認此身之為自，於是更相你汝，各立封疆。因意向之稍違，及言辭之靡順，悻然變色，遽行非理之瞋，忽爾生憎，遂起無根之謗。」

六道眾生從無始以來，不明白諸法皆空、無我的道理，斤斤計較你我，執著己見，只因一小事或別人說話稍不適當，就生起勃然大怒，常常累積許多怨恨煩惱。主法觀想眾生來到法會，同聚一堂，聽聞解怨結真言，都起了歡喜心，宿怨銷釋，轉相親愛。

● 沐浴

「六趣之居不同，無非濁惡；三塗之報最醜，悉是腥臊。若云即事以為言，未免於心而有礙，須親澡浴，冀得清涼。法水初沾，現全身之光潔，慈風一拂，俾當念以開明，毋故遲回，宜當趣進。」

六道之中諸多痛苦，理當沐浴更衣，去除罪垢，以得清涼。沐浴之前，香燈法師要先到沐浴亭前點上香、燭，浴盆內放溫水，並準備好新毛巾、

「欲使歸依回正道，先須澡浴淨諸塵。」沐浴後，香燈法師將黑牌位請出沐浴亭。

香皂等，然後捧起六道眾生的黑牌位，安放到沐浴亭中。主法持沐浴真言，並觀想浴室變得廣博寬大，嚴淨光明，六道眾生都進入浴室中沐浴，身意快然，得大安樂。事先準備好的紙冥衣，並逐一焚化。

● 治衣

「入室而悟水因，既宣明於妙觸；澡身而去塵穢，載謹肅於外儀。由親承佛力之加，俾悉反人形之舊，同然一相，會彼千差。將親近於尊容，必莊嚴於盛服。宣之以真言祕密，照之以妙觀幽微；發起淨緣，資成等施。天衣自然被體，不待意求；法藥普與熏心，何論念感。」

主法持治衣真言，觀想六道群生皆因法力，一同都變成人形，相貌端正，著莊嚴的衣服，威儀具足，非常歡喜快樂的樣子。

「不洗塵、不洗體，既妙悟於圓通，必振衣、必彈冠，復善修其容止，斯可遇無遮之會，是為登大覺之門。宿學深者，於茲煥發性靈，自障重者，至此頓忘業習。」

經沐浴後，往昔所造的一切惡業、習氣都消失殆盡，香燈法師再將黑牌位請出沐浴亭，供放在桌上。

● 淨六根三業

「維爾群靈俱集會，將親三寶作皈依，身儀俱已獲莊嚴，或有未能清口意，載假如來方便道，為除三業眾愆尤，祇於當念了真空，六用一時俱寂靜。」

主法持淨六根三業真言，並觀想六道群生的身語意三業，以及眼根乃至意根等六根，各獲清淨。

● 燃香達信

「維爾群靈無始劫，飄零六道未知歸，幸哉今夕以何緣，罄法界中蒙普度，此際將親三寶眾，先須爇熱一鑪香，以茲清供寓真誠，願賜慈悲為納受。」

主法持燃香真言，並觀想香雲海普薰三寶、聖賢之前，諸佛慈悲納受，為六道群生通達信心，無不周遍。

● 為六道群生奉請三寶

「維爾群靈咸在列，肅清三業瑩無塵，從茲欲入大乘門，是必先投三寶境，夙世已修須發習，今身初學可為因，將行勝法作皈依，故此最初勤奉請。」

主法持奉請三寶真言，觀想三寶聖賢，悉皆雲集座筵，證明作法。

● 皈依

「至心歸命請盡虛空遍法界十方常住佛陀耶（梵語：佛）、達摩耶（梵語：法）、僧伽耶（梵語：僧）并諸眷屬。」

主法帶領六道眾生一起皈依三寶。

● 迴向

「菩提妙華徧莊嚴，隨所住處常安樂。」

正表舉迴向偈。

第十章
幽冥戒

戒的本身就是安定我們的身、口、意,持戒能夠讓自己的心不觸犯煩惱、
不增加惡業,心清淨安定,就能增長善法。

生者和亡者同樣都是在一個生命的活動下,不要想他們是看不到的,不是
看不到,而是以另外一個形態跟我們在一起。

具足發心、發願、懺悔,那麼就能夠跟戒相應,帶領歷代祖先、冤親債主、
親戚朋友、跟我們有緣的眾生,一起來接受幽冥戒。

——靈鷲山心道法師

幽冥戒的意義就是授予亡靈菩薩戒，令眾生守戒，得以遠離一切身、口、意惡業，而獲得清淨，增長善心與善法。

第五天下午，才剛圓滿請下堂之佛事，緊接著晚上又進入水陸的另一波高潮——「幽冥戒」，再次看到幾千人雲集進入內壇的盛況。這一晚要為六道眾生受幽冥戒，這是非常重要的佛事，連外壇都暫停放燄口。六道眾生迎請來之後，最重要的就是讓他們受戒，身心都得到清淨之後，才能具足善念。三惡道的眾生因為生前造惡業才會墮入惡趣，幽冥戒即是本著菩薩度眾的慈悲心腸，帶領被召釋出來的冥界眾生皈依三寶、求懺悔，乃至最重要的：發菩提心、受大乘戒。

這些過程主要就是希望眾生能學善守戒、出離痛苦，心開意解之餘，也能與陽界凡眾解冤解業，這樣才能真正脫離煩惱、痛苦，進而超脫輪迴之苦。惡道眾生的苦報深重，如果沒有親友代替他們行善，接受誨示正道，他們就沒有機會超脫。幽冥戒由高僧主法受戒，齋主如法觀想亡靈親臨戒壇，代替歷代祖先、冤親債主行懺悔、領納清淨戒律。

整個受戒過程非常嚴謹而慎重，雖然是為幽冥戒的眾生受戒，但參與其中，也會發現佛法要義在受戒過程中流露無遺。

受戒流程

首先要「發起信心」，信心是學佛最重要的緣起，也是長養菩提種子、以及一切善法的根本。

再來是「皈依三寶」，指引我們具足正念正見，以覺性空為依歸，不受邪說邪見干擾。

之後是「懺悔」，洗滌和淨除內心的遮障、習氣，讓生命由迷轉悟，開顯本具覺性。

最後是「發菩提心」，以清淨無染、自利利他的菩提願心，來求受大乘菩薩戒。

受戒主要是受「三聚淨戒」，三聚淨戒是所有戒法的根本，是佛法修行的全部；之後進行「三番羯磨」以及「說十種戒相」，讓我們更了解戒的精神和內容。受戒之後我們便得到清淨戒體，戒體是一得永得，生生世世守護著我們，直至圓滿成佛。

● 發起信心

「法界六道，一切群靈，當知此時，所以得至法會者，由今施主，為能開建普度大齋之故也。然而問津此道，須發信心，心未能信，於道何有？言信心者，如四明法師之言曰：『信一切法，唯心本具，全心發生。』」

在三師帶領下，功德主藉誦經、禮拜等行為，專心懺悔。

學佛最重要的基礎就是具足信心，能信才能生起恭敬虔誠心，認真地參與法會，《水陸儀軌會本》的序文也說：「若齋主不誠，則出錢之功德有限，慢法之罪過無窮。」

● 皈依三寶

「我弟子六道群靈等，從於今身，直至佛身，皈依佛、皈依法、皈依僧。」

皈依在梵語中有救護、救濟的含意。歸敬依投於佛、法、僧三寶，三寶能加持、引導皈依者，止息無邊生死苦輪的大怖畏。但是皈依最終的意義還是皈依自己的覺性，依正法修學。有人問說，我已經皈依某某法師，是否還可以皈依其他法師，其實不管從哪位法師皈依，終究是皈依三寶，是以釋迦牟尼佛為導師的。

舉行皈依就是在自己的意識中種下一顆覺悟的種子，與釋迦佛結一個法緣，因為這樣的因緣，在未來生生世世中就可能因此而體悟生命的真相，得證涅槃解脫。

● 懺悔

「汝等六道一切群靈，已能皈依三寶，為佛弟子更當進求菩薩大乘戒法，永為成佛之本。但以汝輩無始以來，經歷諸趣。罪業重積，能為遮障。今為汝輩，依大乘門，行懺悔法。俾身心光潔，方堪納戒。」

佛在《正法念住經》曾云：「火可能變成冷的；太陽月亮，都有可能掉在地上，但是業的果報不可能沒有。」俗話也說：「惡有惡報，善有善報，不是不報，時候未到。」說明了因果報應不爽的道理。儘管造了非常微細的善惡，也終有成熟為果報的時候。生於善趣的人，彷彿已經沒有惡業的

果報，其實惡業還是存在，一旦善業的果報結束，惡業的果報就現前。所以密宗蓮花生大士曾說：「我們修行的見地雖然有如虛空一樣高，但是對於業果的取擇來說，就像搓糌粑的時候，連小小的細末都要非常小心、謹慎。」

佛法中很重視懺悔，能不能得戒，也取決於自己是否真正發出懺悔心，將自己往昔所造的一切惡業懺除乾淨，整個水陸法會是以懺悔為中心的精神。眾生一直在生死煩惱中輪迴，就是由於自己常常很容易造下各式各樣的惡業，因此自己的果報也要由自己承擔，而不知懺悔的人，也不知道如何才能夠出離煩惱，因此才總是生生世世，隨波逐流，找不到靠岸。

懺是忍的意思，請求他人忍罪；悔是追悔過去的罪，在佛、菩薩、師長、大眾面前告白道歉，以此來達到滅罪的目的。懺和悔具有不同的意義，懺是請求原諒；悔是自申罪狀。懺悔分成事懺和理懺，藉誦經、禮拜等行為的懺悔，稱為「事懺」，這是最常見的懺悔方法；「理懺」則是觀諸法實相本空，一切罪根無自性，以達滅罪的目的。懺悔最重要的意義就是「不二過」，對於已懺的過錯不再犯，而且一切過錯既經懺悔，就不再追悔，不然時時活在悔恨中，如何面對未來。

專心行懺悔，將自己曾造的一切罪過都懺除乾淨，如同將污穢的瓶子清洗乾淨後，才能裝得下清水，所以在打水陸時身禮拜、口讀誦、意念觀想，都要靠至誠之心，要知道：「三業如不清淨，萬法不具足。」

主法和尚帶領六道眾生行懺悔時所言之：

「我弟子六道群靈等，至心懺悔，一切業障海皆從妄想生。若欲懺悔者，端坐念實相，眾罪如霜露，慧日能消除。是故，宜至心懺悔六情根。」

● 發菩提心

「然菩提心，當云何發？何名菩提。如天臺聖師之言曰，佛菩提心者，從大悲起。佛正行中，此心為先。欲求佛道，先以大悲熏心，乃至得果之後，欲行化他者，亦必以此大悲之本也。」

菩提心是什麼？怎麼發菩提心？學佛修行並不是只顧自己，而是要發起如同佛和菩薩的大願，利益一切眾生，因此不論在修行及度眾時，都要以發菩提心為基礎，這個時候主法觀想帶領眾生發四弘誓願，如下——

1. 眾生無邊誓願度。

2. 煩惱無盡誓願斷。

3. 法門無量誓願學。

4. 佛道無上誓願成。

前兩願是向下度化眾生，後兩願是向上求佛果。

● 求戒

求戒是求哪三種戒呢？就是大乘佛法的「三聚淨戒」，三聚淨戒是一切戒的根基，所有戒律都由此發展開來。這三條戒被比喻為用來度過生死海的巨筏、治重惡病的良醫、證涅槃道的要門、入諸佛位的正軌。

1. 攝律儀戒：無惡不斷。

2. 攝善法戒：無善不修。

3. 攝眾生戒：無有情不度。

● **三番羯磨**

　　主法領眾宣說三次：「眾生無邊誓願度、煩惱無盡誓願斷、法門無量誓願學、佛道無上誓願成。」稱為三番羯磨，並觀想種種善法都流入了六道眾生的身心之中，這些善法流入了身心後，就是成功得戒了。群靈依循戒法的記憶，心念感悟正見、化解怨惱，業輕了，也就種下解脫、正覺的種子。

● **說十種戒相**

　　受戒之後最重要的就是要守戒，大乘菩薩道十戒是出自《梵網經・盧舍那佛說菩薩心地戒品》。主法要一一為眾生詳細清楚地說明這十條戒應如何守持──

　　第一、殺戒

　　第二、盜戒

　　第三、婬戒

　　第四、妄語戒

　　第五、酤酒戒

　　第六、說四眾過戒

　　第七、自讚毀他戒

　　第八、慳惜加毀戒

　　第九、瞋心不受悔戒

　　第十、謗三寶戒

　　佛事進行到這裡，受戒終於圓滿，整個內壇開始進行念佛及繞佛，每個人都井然有序地排隊繞場念佛，從看臺往下看，場景最為壯觀，「阿彌陀佛」的佛號聲繚繞，甚至迴盪在整個內壇的空間之中，不絕於耳，將打水陸的氣氛帶向最神聖莊嚴的一刻；走近一看，有許多信眾都被佛號聲感動得淚流滿面，連內壇志工也被這樣浩大場面震撼得流淚。

　　不禁思考著：人在法會中到底想探索什麼？法會本身又想傳達什麼？在一連串儀式的背後，又隱藏著什麼意義？一千五百年來，人之於死亡有著許多臆測與想像，至今科學還是找不到公諸於世的答案。水陸法會中，這麼多人來參加，抱持著相同的想法，想為過往的人做一些事，很多問題似乎在法會中都得到想要的答案，那就是，人們在這裡安頓了他們的心靈，無論是生者或亡者。

幽冥戒佛事中，冥陽兩界眾生解冤解業、發起菩提心。

延伸閱讀

六道眾生的業因

● **地獄業因：**

生前造極重罪業，念念作惡，和惡人在一起，死後就會墮入地獄之中，受到極大的痛苦，經歷很長的時間，仍無法脫離。

● **畜生業因：**

深著色、聲、香、味、觸的感官欲樂等五欲，命終就會生在畜生道中。

● **餓鬼業因：**

慳貪、不捨得布施、邪見、破齋犯戒、不信因果，命終就會墮入餓鬼道，常常處於飢渴之中，飽受痛苦。

● **修羅業因：**

少修福修善，常常懷著想要贏過他人的惡心，仗勢凌人，喜歡與人爭鬥，死後就會生於修羅道中。

● **人業因：**

常持守不殺生、不偷盜、不邪淫、不妄語、不飲酒之五戒，奉行十善業道就可生在人中。

● **天業因：**

常懺悔過錯、離十惡、行十善、修習禪定，死後就會生天，成為天人而受用福報。

第十一章
奉供下堂

佛說，每個人都是我們的父母！過去生生世世中，我們彼此都有關係，我們的祖先是重疊、交叉的。所以，佛說超度應該包括無量無邊的眾生以及歷代祖先、冤親債主，不只是今生今世自己的父母、祖先而已。身為人，才有機會做像超度這樣的好事情，三惡道的眾生在受苦、受業報，沒辦法做超度！只有我們能幫他們超度，助他們轉生、離苦。

——靈鷲山心道法師

供下堂的意義是準備六塵妙供來施供給十四席。所有一切眾生，令人道頓悟真歸、修羅道調伏瞋心、餓鬼道咸獲飽滿、畜生道自得智慧、地獄道永脫拘囚。

　　第六天中午十一點左右，進內壇參加供下堂。下堂十四席桌上都擺上了各色供飯菜、水果及饅頭等供品，基本上，供下堂與供上堂，其流程大同小異。

　　六道凡眾得到法義妙戒後，每個人都充滿禪悅法喜，齋主用歡喜心誠邀他們入壇列坐，主法依法加持法食，讓眾生以佛法為食，來長養智慧之生命，之後將持過〈大悲咒〉的淨水，灑於供食上來施予甘露，接著便會獻上六塵妙供香、花、燈、食、寶、法，增長眾生的慧命，這時功德主再將無染清淨，且尚未供養過的諸多奇珍異寶，作為至心獻供之物。

功德主將珍寶獻供，並誠心以紅包供養。

　　主法一一帶領齋主到各席上香，向各席表明齋主誠心供養的心意。獻供儀式後，獻香、獻花、獻燈等等，在各獻供真言的唱誦聲中，代表的齋主一一舉獻各種妙寶，也包括了大眾獻出的種種寶物。舉獻過的寶物配合快節奏的唱誦聲，在場中流轉，寶物上信眾供養的紅包也不斷增加，代表著大眾最深的敬意。

　　獻供時，主法觀想六道群靈及隨筵神眾，諸亡靈等，歡喜受供，皆悉充足。最後大眾一同誦《阿彌陀經》，繞場念阿彌陀佛佛號，承佛威光，使祖先親眷、六道群眾都能享受到佛法的妙味，離苦得樂乃至開悟解脫。

延伸閱讀 ◆

虛雲老和尚的水陸傳奇

《虛雲老和尚年譜》中也記載著一段水陸感應事蹟：

1919年己未，虛雲老和尚已八十歲。那年春天，虛雲老和尚在昆明忠烈祠啟建水陸道場。法會開始，即大赦及禁屠。最特別的是，法會開始，全堂各壇的蠟燭盡開燈花，如蓮花狀，霞彩奪目。隨緣信眾，都來觀賞。四十九日之後，法會圓滿，儀式至送聖時，空中出現幢幡寶蓋，飄漾空中，全城都看到神奇景象，不禁拜倒在地。法會結束後，時任雲南都督的唐繼堯又請老和尚到他的公館念經超薦親人，因現出種種瑞相，大生信心，於是唐繼堯全家皆從老和尚皈依。

延伸閱讀

打水陸救度鬼趣惡道

在煮雲法師寫的《金山活佛》一書中，提到金山活佛勸人打水陸的事蹟。佛菩薩度生的對象不只是人類，凡是有情生命都是他化度的對象，金山活佛不但與有形可見的人、畜生結了不少法緣，就是對餓鬼道的眾生也一樣發心普度。

他能看到鬼道的眾生，並深知他們的痛苦，所以凡是皈依他的富貴人家，他都勸他們廣結善緣，不但要結人緣，而且要憐憫鬼趣惡道之苦，多結鬼緣，並勸他們放燄口、做水陸道場。當時，到金山寺做水陸普度大齋勝會道場，冥陽兩利的大佛事，多數與金山活佛有關係。

金山活佛偶爾遇見放瑜伽燄口時，縱然他沒有買燒「往生錢」（印有往生咒的紙錢），他也都是在臺下拜個不停，一直拜到燄口佛事做完，他才停止，不知道的人還以為瘋和尚在那裡發瘋癲呢！其他和尚在臺上放燄口，而他這個和尚卻不斷地向臺上的和尚磕頭。

曾經有一位弟子問過金山活佛這件事：「為什麼師父要拜臺上放燄口的和尚？」他說：「我是領導『他們』（鬼道眾生）拜幽冥教主地藏菩薩！他們也太可憐了！苦得這樣子，有此超度脫苦的機會，還不知道拜佛懺悔以求滅罪；所以我領導他們大家拜佛懺罪，我不拜，他們也不拜了，因此我拜多久，他們也隨著我拜多久。」

　　他的弟子只看他一個人在那裡拜，而活佛卻說是領導大家拜，究竟與些什麼人在一起拜呢？弟子問：「師父，您說領導大家拜，我們為何看不到？」活佛笑道：「所謂的『大家』不是指人，而是你們看不到鬼道裡的弟子。」那位弟子又問：「一共有多少呢？」

　　「很多！連你的祖先也一起來參加受度，剛才向我辭行而去了。」

　　那位弟子又問：「活佛今天所看到的都是些什麼樣子？」

　　活佛說：「你們不能看，看到會害怕的，他們形狀各異，大的鬼、小的鬼、男的鬼、女的鬼、老的鬼、少的鬼、頭散髮鬼、青臉獠牙鬼，斷腿的、瞎眼的、跛腳的、長舌的、斷頭的等等，何止千百樣呢？」

第十二章
圓滿供・圓滿香

心不夠慈悲，就容易起煩惱；慈悲心來自於「捨」的智慧，是一個能夠鬆弛、柔軟的心。布施是讓我們的心能夠鬆弛、柔軟的方法，我們的心鬆弛的時候，就很柔和，碰到事情不會硬碰硬，面對任何環境，我們都會柔軟平和，不會造成很多衝突。佛法講「智慧」和「慈悲」，慈悲就是福報，智慧就是讓我們的生活自在，讓我們的生活空間大，讓我們與他人更能融合在一起，佛法很實際地告訴我們人與人之間的關係，它並不神秘。
——靈鷲山心道法師

圓滿供為幽冥戒後，人天歡喜，圓滿供的意義是普同供養二十四席。

　　第七天是水陸法會的圓滿日。經過昨晚的休息，每個人看起來都精神飽滿，空氣中除了充滿已經逐漸習慣的燃香味外，隱隱地也蕩漾著一絲不捨，水陸法會將在今天下午圓滿了。

　　信眾們這幾天共同相處在同一個空間中精進用功，從陌生到熟悉，認識了很多常常在一起參加佛事的朋友。他們有的跟媽媽一起來拜、有的跟阿嬤來當志工、有的是朋友的朋友，因為放暑假就跟著一起來、還有的是從南部上來，一場水陸讓南北信眾大會師，其中還不乏海外回國的信眾，就如同心道法師說的，這是過年之外的大團圓。

　　早上七點半，在志工工作區看到從清晨開始就準備好的各式各樣的供品，受過幽冥戒後，上自諸佛菩薩，下到六道眾生都法喜充滿，因此圓滿供就是二十四席一起上供，這就是「上供諸佛、下施眾生」之意。

　　圓滿供開始時，香燈法師會一一先到各席灑淨，讓這些供品都變成最清淨的香齋妙供。主法加持這些法食後，圓滿供儀式就完成了。圓滿供後，志工們忙著將場外的大榜和內、外壇的牌位逐一拆下來，分類裝好，放置桌上，準備午後將往生牌位都放到西方船上，預備送聖時火化。

圓滿香的意義是普皆迴向、發願水陸法會一切功德，願眾生皆得以往生極樂世界。

緊接著圓滿供之後的佛事就是圓滿香。早上十點，水陸法會即將圓滿，每一場佛事的無量功德，在這時候做最後迴向。親人即將遠行，要殷殷叮嚀咐囑，主法這時候觀想六道眾生及受薦亡者各各集合在前，請求開示法要。

「汝輩六道佛子，自入道場，屢聞法要，所謂發起圓常正信，皈依一體三寶，行大乘懺悔，立四弘誓願，而又獲聞大乘妙戒無作之法，乃至一香一花，明燈奉食，幢幡瓔珞，歌頌讚歎，六塵供事，互遍莊嚴。一一無非備明法華開顯之事，究竟圓融三諦之理。」

「諦觀一心，本不可得，隨心而造，不礙緣生。若依若正，若色若心，妙觀觀之，無非妙法。」

三師帶領功德主進行圓滿香佛事，功德主將替未曾皈依的眾生懺悔、發願。

齋主代表法界眾生懺悔過去的一切業因、
進求解脫，然後發四十八大願，參加水陸法會
的所有功德主，將無量功德迴施法界一切群靈，
如此一來群靈就得到超度，往生西方淨土。「俾
於阿彌陀佛極樂淨土，專心繫念，遂得往生。」

西方極樂世界國土到底長什麼樣？在經中
的記載是這樣的：「彼佛世界曰極樂淨土，其
地寶池瓊苑，無三惡道，清淨光明，其時無寒
暑晝夜，其人蓮花化生，純丈夫相，其衣食隨
念而至，珍奇美妙，惟成法喜，其壽命同於彼
佛，久長無量。示如是種種樂事，教人起心生
大欣慕。」

水陸法會即將圓滿，法師將二十四席
牌位一一取下。

念佛往生西方的修行法門在《水陸儀軌》之中也所有陳述：「聞是阿彌陀
佛，執持名號，若一日、二日，乃至七日，一心不亂，其人臨命終時，阿彌陀
佛與諸聖眾，現在其前，是人終時，心不顛倒，即得往生阿彌陀佛極樂國土。」

因為現代人的心思經常處於雜想紛飛的狀況，用雜亂心來修行，無法修
行成功，因此念佛法門就是藉由誦持佛號，將心念專注繫在佛號上，讓心念
逐漸沉澱下來，漸漸開顯出本自具足的智慧，了解諸法實相，這就是往生淨
土的法門。

法會接近圓滿之際，最重要的就是「發願」，此時齋主代替六道眾生，
不曾皈依佛法僧三寶的眾生，發十大願：「不曾皈依、不曾禮讚、不曾供養
三寶、不曾懺悔業障、不曾請佛住世、不曾隨喜修行大乘佛法、不曾迴向勤
求佛道、不曾上求佛道下化眾生、不曾念佛求生淨土、不曾發心求菩提道的
眾生，都代為發心，當願圓修，即成究竟。」

接著六道眾生懺悔宿世業障，進求解脫，勸發十種大願。

「修齋功德，一分奉施，十方法界：

諸天道中，著樂無厭，五衰忽至，一切眾生，當願進慕真常，早蒙解脫。

諸仙道中，抗志虛無，保守幻質，一切眾生，當願進學無生，早蒙解脫。

諸福德神，典司陰陽，興災降福，一切眾生，當願進慕真修，早蒙解脫。

諸人倫中，求名貪利，汩沒風塵，一切眾生，當願進學大乘，早蒙解脫。

諸修羅中，好行瞋恚，鬥戰不已，一切眾生，當願息諍興慈，早蒙解脫。

諸餓鬼中，饑渴逼切，歷劫受苦，一切眾生，當願渴惱蠲除，早蒙解脫。

地府主吏，記注生死，判決獄囚，一切眾生，當願執法寬慈，早蒙解脫。

諸地獄中，有間無間，歷劫受苦，一切眾生，當願罪性本空，早蒙解脫。

諸旁生中，遞相吞噉，刀砧受死，一切眾生，當願怨業頓空，早蒙解脫。

諸中陰中，七趣往來，數取生死，一切眾生，當願不昧己靈，早蒙解脫。」

水陸儀文

　　雖彼眾生各得受用，而我本無所與，眾生本無所取，所施眾物亦本無有，我及眾生亦無有相，是為以空為觀者，雖復無與、無取、無物、無我、無眾生，而其施者、受者及中間物莫不宛然，歷歷可見，是為以假為觀者。

　　於一心中，了知施者、受者及所失物，非有非無，三輪俱絕，是為以中為觀者。三觀圓照，一念中得，無後無前，何思何慮，作如是觀，而行施者，是為不住相施，是諸眾生，受此施時，一一自然皆得禪悅法喜。

　　種種加持皆圓滿後，種種發願都周全時，最後大眾再走到每一席上香，逐筵拜謝。內壇一時香煙繚繞，不知道是香薰得太厲害還是有些離情依依，發現不少信眾也開始淚眼朦朧起來。這麼多天以來的一切，不管是日以繼夜地熬夜、長時間跪拜或是晚間燄口時禁食、禁水，各種身心上的勞苦，都是為了超度亡者，同時自己也在努力修行，一點也不敢鬆懈，只要自己稍有懈怠或起了種種煩惱，連帶的歷代祖先一定也無法好好參加法會，那種生命共同體的感受，突破了時間與空間、有形與無形的限制，唯有在法會中，才能有這麼深刻的體驗。

　　看著牆上的牌位、二十四席牌位都一一拆下來摺疊好，整齊地排放在桌上，心中感受最是強烈，水陸法會即將圓滿了。

法師與功德主至每席上香，逐筵拜謝，迴向水陸，功德圓滿。

延伸閱讀

梵唄與修行

目前在臺灣聽得到的梵唄唱腔大約分為二大派，即「海潮音」及「鼓山調」，前者屬於大陸北方系，後者是南方系統。《普門品》中有「梵音、海潮音頌」，海潮音用像海潮一樣起落的音聲來唱誦，主要出自鎮江焦山定慧寺，也稱為焦山海潮音。焦山在江蘇省長江的中央，因為地理關係，那裡的水流波動得很厲害，過去的祖師大概隨著浪潮高低運腔，自然而然發明了海潮音。

而在臺灣流傳較廣的是鼓山調，因其韻律好聽，敲打也很熱鬧，作為佛事念經容易引人入勝。現今唱的是禪、淨通用的腔調，主要是從江浙一帶流傳下來。因為江浙一帶出家人多，全國一些大廟的住持，大都是江浙人士，自然唱腔也歸於一色，而這種調子比較適合寺廟一般修行用，因為聽聞梵唄可以使心沉靜下來，融入經文之中。

《法華經》云：「梵音深妙，令人樂聞。」《華嚴經》云：「演出清淨，微妙梵音，宣暢最上，無上正法，聞者歡喜，得淨妙道。」然而，何者才堪稱梵音微妙呢？《長阿含五闍尼沙經》云：「時，梵童子說此偈已，告忉利天曰：其有音聲，五種清淨，乃名梵聲。何等五？一者其音正直，二者其音和雅，三者其音清徹，四者其音深滿，五者周遍遠聞，具此五者，乃名梵音。」

對此梵音之五種特質，《大明三藏法數》解釋：「梵音者，即大梵天王所出之聲。」

又云：「謂諸梵天，禪定持身，無諸欲行，而其音聲端正質直而不邪曲，是名正直音；心離欲染，愛樂律儀，而其音聲柔和典雅，是名和雅音；不濁曰

清，透明曰徹，謂諸梵天戒行清淨，心地圓明，而其音聲清淨明徹，是名清徹音；淨行圓滿，心光湛寂，而其音聲，幽深充滿，而不淺陋，是名深滿音；足備曰周，普通曰遍謂諸梵天心光瑩淨，普映十方，而其音聲周遍遠聞，而不迫窄，是名周遍遠聞音。」

此外，《大智度論‧卷四》也說到，佛陀的梵音具有五種清淨的特質——

1. 甚深如雷。

2. 清徹遠播，聞而悅樂。

3. 入心敬愛。

4. 諦了易解。

5. 聽者無厭。

以上這些音聲特質，是由於佛在因位時，無量世中不惡口、說實言美語、教人善語、不謗正法等，所感得的妙相（三十二相之一），令聽到的人皆生善心而不會雜亂，斷惑消疑，經常喜愛聽聞。在這樣的前提下，梵唄之用音，當然就具備清淨、悠遠、莊嚴、肅穆、和雅、平緩、安定心神。

第十三章
送判宣疏・圓滿送聖

生命就是不斷地死了又生，生了又死。我們死了，並不見得是死了；死是轉生，轉生以後換一個面目，然後又和有因緣的一群人共同生活。可是由於換了個面目，我們往往已經認不出誰是誰，但業的關係還是存在。所以人不能結怨、結恨、結不好的緣，因為惡果總是會和你有關聯，如果本著不傷害的心態、不做傷害其他生命的行為，就是造福。
——靈鷲山心道法師

送判宣疏的意義是奉請五位判官——天府功德司判官、中界功德司判官、地府功德司判官、上堂俵錢貌司判官和下堂俵錢貌司判官，將五張判疏送往各界，宣說水陸法會功德圓滿。

下午是「送判宣疏」，將最後的五匹紙馬及五個紙紮判官移到內壇，象徵奉請天府功德司判官、中界功德司判官、地府功德司判官、上堂俵錢貌司判官和下堂俵錢貌司判官。將五張判疏放在紙紮判官身上的包包內，將馬搬到外場，引火焚化，判官們正式出發分送判疏。

餵食官馬後，判官將出發分送判疏，宣說水陸圓滿。

　　外壇也同時舉行消災普佛和往生普佛，為法會做功德迴向，接著內壇、外壇將所有牌位都分類好，連同外場的大榜一起整齊地擺放在內、外壇桌上，信眾一一出列，有的人手執水陸燈、有的人提香爐、有的舉幡、有人手持蓮花等，還有人手捧牌位、疏盤，法師們則手拿各種法器，排成長長一列送聖的隊伍，準備圓滿送聖。

送聖隊伍向會場外前進。

送聖就是「聖眾請歸雲路，六道眾生往生淨土」，將所有牌位都收放到西方船上，焚化西方船，象徵亡靈都乘船往生西方極樂世界。在念佛引導聲中，由主法、正表、副表和尚帶領奉送，送聖分兩條路進行，所謂：「聖眾請歸雲路，六道眾生往生淨土」。這是水陸法會的第三大高潮，地點在法會場外進行，志工已先將紙糊的一艘巨大西方船移放到廣場上，船邊放滿這幾天由志工們做的紙折蓮花及大大小小的西方船，鎮壇大將軍則擺放到大門口臨時安置的供桌上。

中午時分，場外先將水陸期間的消災牌位一一焚化。每個參加水陸的功德主報名後，在內壇立有黃色的超度牌位，外壇則立著紅色的消災牌位，紅色牌位的功能是消災祈福用。

心道法師在送聖前，再次為大眾開示：

「要觀想我們的歷代祖先、冤親債主，希望他們能夠跟隨阿彌陀佛坐西方船直達西方，不要流連忘返在這個婆婆世界，或苦海中焦煎糾纏、充滿苦惱，要趕緊乘坐阿彌陀佛的西方船，直達西方，到達極樂，永不退轉。

我們七天以來就兢兢業業地念佛、念法、念僧，做了很多的工作、服務不眠不休，有的人一天睡不到一小時，甚至根本就沒有睡。這種精進的心念、精進的行為，這個種子就是智慧跟福德的種子，在這七天當中，我們都是身心清淨，無障無礙，熟悉佛法僧、熟悉佛的法、了解佛的心，了解身心清淨的道理，不斷地觀照我們的心念，觀照我們的行為、做到清淨。那麼我們的身口意在這七天當中真正的不造惡，不生煩惱，不薰染我們的清淨佛心，不墮六道輪迴，而能夠直成佛道。」

送聖隊伍浩浩蕩蕩從內壇走到外壇，將外壇牌位逐一隨隊伍起來，再一起帶到場外，這時人潮也逐漸擁向場外西方船的地方聚集。等到隊伍到齊後，所有超度牌位都放到西方船上，三師和尚在鎮壇大將軍面前唱誦一番，看起來就

像正在做最後的交代，希望鎮壇大將軍可以護持西方船上的所有亡靈，令大家都順利往生西方。

「上來修建法界聖凡水陸普度大齋勝會道場，良宵圓滿，奉迎聖駕，暫住佛殿，大眾一心，念佛引導。」接著焚化所有二十四席牌位，然後，將鎮壇大將軍安放到船首，大眾起腔念佛，在平靜沉穩的佛號聲中，由志工點燃西方船，鳴放鞭炮，大火一下就燃燒開來，強烈的熱氣把鎮壇大將軍手上印有「慈航普度」及「鎮守壇前」的幡吹得直沖天上，心中默默祝福所有亡靈都順利往生西方極樂世界。短短五分鐘念佛期間，望著逐漸化為灰燼的西方船，一時繁華歸於寂滅，這幾天的一切頓時都結束了，乘坐時光機器邀遊時空的大眾，再次回到原來的生活場景中。

常聽學佛人說「水月道場」，原來水陸法會就是水月道場，一切都如夢幻泡影般，了不可得。從無到有、再從有到無，偌大的場地原本是吵雜的體育場，後來又變成法會地點，如今又恢復成體育場，就像作夢一般，醒來時，心中少了對死亡的懼怕，多了一份平安、喜悅及深深祝福的心。很多人在這時候遠望天空，似乎希望能看到眾生帶著微笑，乘坐一朵朵蓮花緩緩飄向天際，這就是水陸法會要透露的答案吧！

焚化所有二十四席牌位。

志工手折的紙蓮花，放滿西方船邊，願六道眾生往生淨土、直達極樂。

鎮壇大將軍護持船上的幽冥眾生往生西方。

水 陸 儀 文

上來修建法界聖凡水陸普度大齋勝會道場，良宵圓滿，奉送聖駕雲程，大眾一心，念佛引導。

奉送盡虛空，遍法界，十方常住：

1. 一切諸佛，并諸眷屬，請登雲路。
2. 一切尊法，并諸眷屬，請登雲路。
3. 諸菩薩僧，并諸眷屬，請登雲路。
4. 諸緣覺僧，并諸眷屬，請登雲路。
5. 諸聲聞僧，并諸眷屬，請登雲路。
6. 奉送傳揚佛法，禪律諸宗，諸祖師僧，并諸眷屬，請登雲路。
7. 奉送助宣佛化，持明造論，五通神仙，并諸眷屬，請登雲路。
8. 奉送十大明王，穢跡金剛，護法諸天，并諸眷屬，請登雲路。
9. 奉送護佛舍利壇塔，伽藍齋戒，護國鎮宅，諸大神王，并諸眷屬，請登雲路。
10. 奉送發揚水陸，流通至教，製儀立法，諸大士眾，并諸眷屬，請登雲路。
11. 奉送四空四禪，六欲諸天，日月星天，天曹列聖，并諸眷屬，請登雲路。
12. 奉送十方法界，五嶽四瀆，地載遊空，福德諸神，係祀靈廟，并諸眷屬，請登雲路。
13. 奉送十方法界，帝王總統，文武官僚，賢聖儒宗，仙道隱逸，并諸眷屬，請登雲路。
14. 奉送十方法界，農民工商，醫卜雜流，貴賤男女，十類人倫，并諸眷屬，往生淨土。
15. 奉送十方法界，四類受生，五趣所攝，山間海底，阿修羅道，并諸眷屬，往生淨土。
16. 奉送十方法界，燄口鬼王，三品九類，諸餓鬼眾，橫死孤魂，并諸眷屬，往生淨土。
17. 奉送十方法界，閻摩羅王，十王王妹，十八小王，諸司官吏，并諸眷屬，往生淨土。
18. 奉送十方法界，八熱八寒，諸大地獄，諸獨孤獄，受苦囚徒，并諸眷屬，往生淨土。
19. 奉送十方法界，鐵圍山間，遍五趣中，鱗甲羽毛，十類旁生，并諸眷屬，往生淨土。
20. 奉送十方法界，諸趣往來，七七日內，七返受生，中陰趣眾，并諸眷屬，往生淨土。
21. 奉送某省城隍列廟，各縣鄉坊，係祀靈祠，諸侯王眾，并諸眷屬，請歸祠廟。
22. 奉送近邑當境，諸廟侯王，家庭香火六神，本寺伽藍神眾，并諸眷屬，請歸祠廟。
23. 奉送齋家上世，祖彌亡靈，師友親眷，諸位神儀，并諸眷屬，往生淨土。
24. 奉送某某堂上，歷代祖宗，俗氏親眷，諸位神儀，并諸眷屬，往生淨土。

直白奉送云前五條每徧鳴
引磬一拜其餘每條一問訊
（主）主法想諸佛菩薩羅漢緣覺祖師仙道
諸天諸神等悉皆乘空而去至下人道
修羅畜生餓鬼地獄道等並正薦當齋
悉皆往生淨土送某席觀某席是也

奉送盡虛空徧
法界十方常住

一切諸佛
一切尊法
諸菩薩僧　并諸眷屬
諸緣覺僧　請登雲路
諸聲聞僧

水陸儀軌卷二

奉
傳揚教法禪律諸宗諸祖師僧　并
助宣佛化持明造論五通神仙　諸

送
十大明王穢跡金剛護法諸天　眷
發揚水陸流通至教製儀立法諸大士眾　請
護佛舍利壇塔伽藍齋戒護國鎮宅諸大神王　屬

奉
四空四禪六欲諸天日月星天天曹列聖　登
五嶽四瀆地載遊空福德諸神係祀靈祠　雲
帝王總統文武官僚賢聖儒宗仙道隱逸　路

外壇佛事篇

由百姓共同集資報名的「眾姓水陸」，是目前臺灣最普遍的水陸規模，報名者超度對象通常是自己姓氏的歷代祖先，或者是特定的超度者。

水陸法會分為「內壇」和「外壇」，內、外壇的佛事分開同時進行，水陸的盛大，從佛事內容的豐富就可以窺見一二。首先，前一天晚上先從外壇進行灑淨，第一天各壇口開始進行誦經，以此誦經法力先為內壇佛事暖身，而外壇的各種佛事功德，主要迴向給內壇一切水陸功德圓滿。

外壇進行灑淨

以七天來說，前一天先從外壇進行灑淨，第一天到第七天則分別有誦經、放燄口、護生、齋天等等佛事。第三天凌晨開始，內壇正式啟壇。事實上，法會期間，幾乎二十四小時都有佛事進行，誦經聲不間斷。

因應人力、物力齊備與否，各寺舉行水陸時，外壇誦經人數及持誦的經典數目也都不同。靈鷲山舉辦的水陸，外壇分成一大六小壇口、密壇、南傳羅漢壇。

大壇有二十四人，稱為「梁皇大壇」——禮拜《梁皇寶懺》，恭誦《梵網經‧心地品》，夜間並施放燄口；

其餘是小壇，「華嚴壇」二人——默誦《華嚴經》；

「法華壇」六人——恭誦《妙法蓮華經》；

「淨土壇」六人——稱念阿彌陀佛名號；

「藥師壇」六人——恭誦《藥師經》、《金剛經》；

「楞嚴壇」六人——恭誦《楞嚴經》；

「諸經壇」六人——恭誦諸經。

每個壇每天都誦不同的經典。另外，在第五天凌晨的梁皇大壇舉行「齋天」，第七天圓滿時舉行「普佛」。七天內總共要誦完四百五十七部經，舉辦五場燄口、護生、齋天等。

而除了一大六小壇口之外，靈鷲山水陸法會又於 2001 年增設「密壇」修持息（息災）、增（增益）、懷（懷愛）、誅（除障）等四種圓滿事業修法。2013 年，更增設「南傳羅漢壇」，誦持南傳大藏經之經論中的《發趣論》以及《大護衛經》總集。三乘兼弘。

為了慎重起見，靈鷲山每年都在水陸法會的前一年先舉行五場水陸先修法會，有：水懺法會、地藏法會、度亡法會、藥師法會、三時繫念等，水陸前一個月，全體僧眾即開始讀經，將功德迴向給法會順利圓滿。

第十四章
梁皇大壇

地獄、餓鬼、畜生是三惡道，都是由貪瞋癡引起，所以在梁皇壇，特別要懺除我們的瞋恨、貪心、癡心所起的無明煩惱。我們在梁皇壇，每天放燄口，做布施、施捨，讓整個餓鬼道的眾生，都能夠得到甘泉，獲得飽滿。
——靈鷲山心道法師

水陸法會第一天晚上，先行外壇灑淨，第二天便開始外壇誦經了。外壇作息較為固定，如同一般寺院生活，清晨的打板聲，迴盪在靜謐的會場間，每一聲打板，就叫醒一室的光亮。回到大壇，志工也開始一天的工作，先在佛前上香、上水果、供水。信眾們也穿著海青，準備上殿做早課了。

梁皇大壇

● **五色牌位：**梁皇壇為外壇之主壇，供奉五色大牌位，每個大牌位內裝獻狀疏（註10）一份，此五牌分別為——

　・黃牌位：南無娑婆教主本師釋迦牟尼佛

　・青牌位：南無西方接引阿彌陀佛

　・藍牌位：南無當來下生彌勒尊佛

　・綠牌位：南無大慈大悲觀世音菩薩

　・紅牌位：本省省主城隍本縣縣主城隍之神

● 法師人數：二十四人

● 經典：《梁皇寶懺》

● 部數：二十四部

▎註10：詳記舉行水陸法會的主修沙門某某率信眾某某等謹誠具誠，並記述寺院、地點、恭誦的經
　　典、齋家及所有內壇功德主的名冊。

● 製懺緣起

　　《梁皇寶懺》是漢傳佛教最大部的懺本，素有「懺王」之譽，為寶誌禪師與高僧十人所集，肇始於梁武帝，所以俗稱《梁皇懺》。武帝姓蕭，名衍，字叔達，接受南齊禪讓為帝，國號梁，在位四十六年，世壽八十六歲。

　　武帝之原配郗夫人，妒忌側室，狠毒如蛇，三十歲猝亡。生前心懷嗔毒，以致死後墮為蟒蛇，但靈性不昧，知道自己的業力因緣。梁武帝在郗后往生後，經常追悼思念往昔夫妻之情。一天夜裡，聽到寢殿外，傳來窸窸窣窣的聲音，赫然見到一條大蟒蛇，盤踞在殿堂之上，盯著武帝，口吐舌信。武帝受到驚嚇，無處可逃，不得已之下，急忙起身對蛇說：「朕的宮殿守衛嚴謹，不是你們蛇類可以待的地方，你一定是要來謀害朕的妖孽！」

　　蛇竟然開口說人話：「我是陛下昔日的原配郗氏，因為嫉妒六宮，心狠手辣，所以死後墮為蟒蛇之身。沒有東西吃，也沒有藏身之地，飢餓困窘，鱗片裡面有很多寄生蟲，在唷咬我，就像千刀萬剮，非常痛苦。因為感受到陛下往昔的眷念之情，所以在陛下面前，現出這個醜陋的身形，祈求能得到一些功德，讓臣妾脫離痛苦。」武帝聽了之後，嗚呼感慨，要再對蟒蛇說話時，蟒蛇已經不見了。

　　第二天，武帝在殿堂上，大集僧人，詢問哪種善業，最能解除郗氏之苦。寶誌禪師說：「要誠懇禮佛懺悔，才能清淨罪業。」武帝乃結集佛經之諸佛菩薩名號，撰成懺悔儀文，又親自為郗氏禮懺。

　　一天，聞到馥郁芳香繚繞宮室，抬頭見到一位儀容端正姝麗的天人，對武帝說：「承蒙陛下的功德，臣妾已經脫離蟒身，得生忉利天了！」在空中謝帝而去。

梁皇大壇供奉釋迦牟尼佛,誦《梁皇寶懺》。

● 彌勒提名

　　《梁皇寶懺》原名《慈悲道場懺法》,懺法卷第一提到「立此慈悲道場四字,乃因夢感。彌勒世尊既慈隆即世,悲臻後劫,依事題名,弗敢移易」,當來下生彌勒佛夢中現身,賜「慈悲道場」四字為懺法名。彌勒菩薩,巴利語 Metteyya,義譯為慈氏,又稱為阿逸多菩薩,修得慈心三昧,是釋迦牟尼佛的繼任者,未來在娑婆世界降生成佛,成為娑婆世界的下一尊佛,現居於兜率天內院。彌勒佛憐憫現在、未來一切眾生,又關心梁武帝超度郗氏之事,於是夢感提名。所以《梁皇寶懺》每卷開始,必定禮拜彌勒佛,最後迴向讚必以「龍華三會願相逢、彌勒佛前親授記」而結束。梁皇大壇五色牌位中,亦必列本懺法之主「當來下生彌勒尊佛」,顯示此懺是以慈悲為核心,進而發菩提心,普利有情。

瑜伽燄口法會

瑜伽燄口施食法中的「瑜伽」，是相應的意思，即金剛上師透過手結密印、口誦真言、意專觀想，身口意三相應之真言密法，以達到施食給餓鬼眾生的目的。燄口，即口吐火焰之餓鬼，以生前極度慳吝，而召感此種果報。燄口餓鬼曾顯現於阿難入定當中，而成為燄口法會之緣起。

● 施食緣起

《救拔燄口餓鬼陀羅尼經》記載：阿難在林間禪修時，到了三更半夜，見一個名為「燄口」的餓鬼，枯瘦醜陋、口中噴火、咽喉如針一樣細、頭髮蓬亂、指甲又利又長，長得很可怕，站在阿難面前，說：「三天之後，你將命終，投生到餓鬼之中。」阿難驚恐地問餓鬼：「有什麼方法，可以

五大士燄口，主法領眾進行佛事。

避免呢？」餓鬼說：「你如果能在明天，各施一斛食給百千那由他恆河沙數餓鬼，以及百千婆羅門仙，並為我供養三寶，你就能增福延壽，我也能脫離餓鬼之苦，得生天上。」阿難急忙向佛陀求救。佛陀便傳授「無量威德自在光明殊勝妙力陀羅尼」施食之法。又說：「阿難，你依照我的話，如法修行，廣宣流布，讓大眾都能聽聞得見此施食法門，獲得無量福報。」阿難依法修持，三日後，不但沒有墮入餓鬼道，反而因此功德，長壽百歲。

● 觀音法門

瑜伽燄口是屬於觀音法門，由來如下——

觀音菩薩慈悲示現面燃餓鬼身形，藉由阿難請法，讓焰口施食得以流傳。所以焦面大士的畫像上方，都會有一尊觀音菩薩。

1. 觀音傳法：在《救拔燄口餓鬼陀羅尼經》中，佛陀自述從觀音菩薩而得此施食法：「阿難，我前世是一位婆羅門，在觀世音菩薩，以及世間自在威德如來之所，得到這個陀羅尼，所以能布施無量餓鬼及諸仙等，種種飲食，令諸餓鬼解脫苦身、得生天上。阿難！你今日受持此法，福德壽命，皆得增長。」

2. 示現面然：《瑜伽燄口施食要集》記載：「阿難林間習定，觀音示現面然」面然，亦即「面燃」，即臉上熊熊燃燒之意，或稱「焦面大士」。觀音菩薩慈悲示現面燃餓鬼身形，藉由阿難請法，而讓燄口施食得以流傳，普利有情。所以焦面人士的畫像上方，都會有一尊觀音菩薩。

燄口法會安奉面然大士的原因，一則加持金剛上師，使法會順利進行。二則管理鬼道眾生秩序，避免大鬼欺負小鬼。

3. 集觀音法之大成：瑜伽燄口所運用的觀音密法，有：聖觀音、四臂觀音、準提觀音、千手觀音，可謂集觀音法門之大成。

- 聖觀音：聖觀音主要是濟度餓鬼道，也是金剛上師在施食時，所觀修的本尊，以此入觀音禪定，而進行破地獄施食儀式。燄口一開始的啟請觀音文，也是以聖觀音的種子字「紇哩」字，進入生起觀音本尊的次第。

聖觀音的種子字

- 四臂觀音：施食時，金剛上師與大眾持念108遍「六字大明咒」，以此咒力，清淨十方世界，總成一大光明藏，並在此中安立壇場，行施食佛事。六字大明咒即是四臂觀音的心咒，燄口法會誦持此咒時，手持念珠、心專觀想，切勿喝一滴水、答一句話，否則無法相應。因此時，是以四臂觀音心咒的加持力，使法界成為圓滿光明的觀音壇城。

- 準提觀音：燄口施食時，金剛上師會持準提咒，結手印入定，上師面前也會放準提壇鏡。透過頂戴五佛冠、持準提咒，使五方佛以智水灌頂，和法身毗盧融為一體，成為集五部五智於一身，統攝二十五部咒印，以進行燄口施食的金剛上師。

- 千手觀音：法會一開始結壇灑淨時，是持誦〈千手千眼觀世音菩薩廣大圓滿無礙大悲心陀羅尼〉，簡稱〈大悲咒〉，持此神咒可與觀音之大悲心相應，以此咒力加持淨水，灑淨四方，即可將壇場清淨結界。

● 燄口禁忌

1. 禁止飲食：燄口餓鬼長年受飢渴之苦，切勿在結界範圍內飲食，避免令其心生不悅。若有服藥或飲食需求，可至結界區外。

2. 禁入普供區：擺放給餓鬼眾生飯菜食品的供桌區域，即是普供區，法會期間切勿進入，以免打擾其用餐。

3. 勿撿灑食：唱「受食讚」向外灑食佛手、糖果餅乾時，切勿撿食，因這是要給餓鬼道眾生的飲食，若去撿搶，會使鬼道眾生不高興。灑食儀軌之後，志工會收集分裝，待法會圓滿，分贈給與會大眾，屆時方可領取。

4. 忌喧嘩戲笑：召請之後，便是施食儀軌。金剛上師白「誠諭文」對亡者開示，諸鬼神等皆俯首低頭。此時，不可戲笑，需威儀安詳，並為水陸一切眾生一一懺悔。

香積組將供品擺放成美觀整齊的圖案。

● 焰口時間

《瑜伽焰口施食要集》云：「夫利濟幽冥者，唯戌、亥二時，過此則鬼神不得食，乃需延時刻，而無實功。」戌時為晚上七點到九點，亥時為晚上九點到十一點。焰口儀軌進行到施食法節時，需在晚上七點到十一點之間，鬼道眾生方可得食。所以水陸焰口時間，是在下午五點到晚上十一點，如法如儀，令眾生皆得飽食。

焰口法會依規模程度與金剛上師人數，而有一大士焰口、三大士焰口、五大士焰口之別。水陸期間，需有五場焰口法會。而水陸法會規模大，相應的眾生多，所以多屬五大士焰口。每場均備一百五十桌焰口桌，志工們極盡巧思，將每桌設計成一幅美麗的圖案。亦貼心設置矮桌的無緣子女區，擺放玩具、奶瓶、各式兒童餐，讓另一世界的嬰童，能在屬於自己的專區，安心享用。

矮桌的無緣子女區，擺放玩具、奶瓶、各式兒童餐，讓另一世界的嬰童，能在屬於自己的專區，安心享用。

齋天

齋天，全名為「供佛齋天」，先供奉三寶而後供天，是依《金光明經》所編纂之修懺供天科儀，並非民間之「拜天公」。佛教徒雖然不皈依諸天，但禮敬諸天，因諸天以慈悲心，修眾福慧，護持佛法，感得天界善報，是以禮敬供齋。

● 牌位特色：三張金色牌位，分別為：南無娑婆教主本師釋迦牟尼文佛、南無光明會上諸佛菩薩、南無第一威德成就眾事大功德天。

● 修持經典：《金光明懺齋天科儀》

● 法門主尊：第一威德成就眾事大功德天，梵語稱「摩訶室利」，即大吉祥天女，又稱善女天，為施福德之女神，也是齋天法門之主。其證量等同初地菩薩，為度眾生而示現天女之身。吉祥天女住在四天王天之北方，毗沙門天王的「有財城」附近，一座名為「妙花福光園」的七寶宮殿中。北方毗沙門天王掌管財富，世稱「財寶天王」，齋天主尊的大吉祥天女，是財寶天王的鄰居。

● 與會天眾：大梵尊天、三十三天、護世四王、金剛密跡、散脂大將、大辯天神、訶梨帝喃、鬼子母等五百眷屬、護伽藍神、護持正法一切聖眾、齋天法會所在境內之鬼神。

● 科儀起源：金光明會上，諸天於佛前，一一發菩提心，親承如來法敕，恆常護祐讀誦受持《金光明經》者。因諸天秉持佛陀囑咐，巡行人間，以慈悲心輔佐有德行的人，獎善罰惡。故世人誦經禮懺，施設清淨飲食，供養十方三寶，護世諸天及其從屬。因而修建齋天法會，以保慶平安，植善修福。

● 水陸齋天

內壇告赦之後，外壇緊接著舉行齋天法會。因告赦時，梵釋二天捷疾持赦使者，帶著二份赦書，亦即水陸功德主分別呈給大梵天王、帝釋天的陳情書，請求慈悲赦免幽囚於地獄之受苦眾生，讓他們能順利前來水陸現場聽經聞法。為了感謝梵釋二天及諸天眾的慈悲赦宥，故設齋天以敬奉感恩，不但諸天歡喜，也使與會大眾福德綿長、智慧增長。

護生

布施有三種：財布施、法布施、無畏布施。護生，即是保護生命，功德主發心之財布施，贖回即將被宰殺動物的生命，得以安然，遠離被殺害之恐懼，此即無畏布施。贖回生命之時，法師為動物皈依誦經，令其種下未來善法種子，是即法布施。靈鷲山護生活動，主要為海洋生態魚苗流放，與贖放牛隻，並同時圓滿三種布施。

魚苗流放之時間、地點不公開，避免生意人特意抓補，反而危害其生命。流放的水族種類，流放地點，均由專業環保人士遴選確認，以提高存活率，維護海洋生態。

靈鷲山牛隻護生活動，為與中國青海生機寺合作，贖放犛牛。方式是將屠宰場待宰牛隻贖回，為其皈依之後，交予當地申請的貧戶，並簽訂不可轉賣、宰殺、虐待的合約，只可用於農事或汲取牛奶，若有違反，即取消認養資格。有不少懷孕的母牛被贖回後，順利產下小牛，認養戶亦皆大歡喜。

人既愛其壽，生物愛其命。眾生皆有佛性，雖造業墮畜牲道，業報受盡，轉身為人，修行亦可成佛。

今朝護生，等於救一未來佛。

今朝護生，等於救自己親人。

今朝護生，不再冤冤相報。

今朝護生，從此共成佛道。

第十五章
六小壇

生命是這樣的：我們的身體會改變，可是靈性不會改變。比方說，在平常的生活中，
我們為了吃、為了口腹之欲而殺害生命，吃與被吃之間，彼此在靈性上會留下記憶；
這種負面的記憶要如何消除？就要靠懺悔的心，懺悔後發心，化解冤業；超度就是
消解我們過去輪迴中所造的惡業，要改業，就要懺悔、行善。
——靈鷲山心道法師

外壇為什麼要誦這麼多經典？佛教有那麼多經，為什麼要誦這些經？不同眾生有不同的接引法門，請來的四聖六凡，層次都不相同，所以需要用不同的經典來度化他們。走到每個小壇，可發現每壇的設計都不一樣，供奉的佛像也不同。難得來水陸，雖然無法參加每一壇的共修誦經，但若能每天到每一壇進行禮佛，走一圈下來，心境更別有不同。

華嚴壇

供奉：中間供奉釋迦牟尼佛、右邊是
　　　文殊菩薩、左邊是普賢菩薩，
　　　稱為華嚴三聖。

法師人數：二人。

恭誦經典：《華嚴經》。

恭誦部數：一部。

經典簡介：

全名《大方廣佛華嚴經》，本經是如來成道以後的第二個七日，為文殊、普賢
菩薩等，闡揚佛國世界及修行法門，是佛陀成道後在菩提道場等處為菩薩宣說
的經典。內容記述佛陀的因行果德，開顯「重重無盡，事事無礙」及「一即一切，
一切即一」的義理觀念。

淨土壇

供奉：中間供奉阿彌陀佛、左邊是大
　　　勢至菩薩、右邊是觀世音菩薩，
　　　即所謂的「西方三聖」。

法師人數：六人。

恭誦經典：每天持誦《阿彌陀經》及
　　　　　佛號無數。

經典簡介：

內容敘述阿彌陀佛西方淨土的清淨莊嚴，諸佛讚歎、勸勉眾生對阿彌陀佛及西
方淨土起信、時常誦念阿彌陀佛佛號。

法華壇

供奉：釋迦牟尼佛。

法師人數：六人。

恭誦經典：《法華經》。

恭誦部數：二十四部。

經典簡介：本經以文學手法，讚詠永恆的佛陀，壽命無限，以種種方便說微妙法，並且以弘揚「三乘歸一」，即聲聞、圓覺、菩薩之三乘歸於一佛乘，說明人人皆可成佛。此經自漢譯本問世後，隨即於漢地盛傳開來。在《高僧傳》所列舉的講經、誦經者中，以講、誦此經的人數最多，於敦煌寫經裡也是此經所佔的比重最大，僅南北朝時期，注疏此經的就達七十餘家。

楞嚴壇

供奉：釋迦牟尼佛。

法師人數：六人。

恭誦經典：《楞嚴經》。

恭誦部數：二十四部。

經典簡介：
本經說明「根塵同源，縛脫無二」之理，並解說成佛時的定境及菩薩修行的階次。

藥師壇

供奉：藥師佛。

法師人數：六人。

恭誦經典：《藥師經》、《金剛經》。

恭誦部數：《藥師經》一百二十部、

《金剛經》一百二十部。

經典簡介：

1.《藥師經》：祈求除病苦的經典，說明現世利益及往生淨土的思想。

2.《金剛經》：述說佛法最究竟的義理——般若。

藥師壇的規模，在外壇中僅次於梁皇大壇及淨土壇，由於藥師琉璃光如來有大醫王之稱，因此壇內兩側排滿了各功德主消災祈福的「長生祿位」。據說信奉藥師如來能夠醫治百病，解除各種頑疾苦痛，消災延壽。因此，中國歷史上，社會各階層對藥師如來的信仰相當興盛。

諸經壇

供奉：釋迦牟尼佛。

法師人數：六人。

恭誦經典：《圓覺經》、《金光明經》、
　　　　　《佛說無量壽經》、
　　　　　《觀無量壽經》。

恭誦部數：各二十四部。

經典簡介：

1.《圓覺經》：唐、宋、明以來的佛教宗派，如賢首、禪宗等盛行講習的經典。此經的內容是佛為文殊、普賢等十二位菩薩宣說如來圓覺的妙理和觀行方法。

2.《金光明經》：與《法華經》、《仁王經》同為護國息災的三部經，誦讀此經，國家可獲得四天王守護，國泰民安、災難消弭。

3.《佛說無量壽經》：佛說過去世自在王佛時，有一國王聞佛說法出家，名號法藏，發無上心，五劫思維，攝取諸佛國土的清淨之行，並發四十八項莊嚴佛土，利樂眾生的大願，法藏成佛後，號無量壽佛。經中宣說淨土的莊嚴，以勸勉眾生修行而得往生淨土。

4.《觀無量壽經》：此經的內容，是敘述王舍城內阿闍世太子，聽信提婆達多的惡言，將其父頻婆娑羅王幽閉在七重室內，欲令餓死，後來又將母韋提希幽閉在深宮內，不令外出。這時韋提希憂愁憔悴，遙禮耆闍崛山向佛祈禱，佛和目犍連、阿難現身王宮內，時韋提希原欲往生阿彌陀佛極樂世界，佛即在宮內為他宣說三福、十六觀的往生法門，示現西方淨土。

延伸閱讀 ◆

密壇

除了《水陸儀軌會本》規範的
各壇外，靈鷲山水陸法會於2001年起
增設密壇，開啟三乘圓滿、顯密齊弘
之風，並恭請多年教派交流所結識之
法師聖僧，金剛乘各教派法王、仁波
切共同主壇修持息（息災）、增（增
益）、懷（懷愛）、誅（除障）等四
種圓滿事業修法。

南傳羅漢壇

靈鷲山水陸法會不僅於2001年增設密壇，2013年更增設南傳羅漢壇，邀請緬甸高僧主法，開啟三乘圓滿弘法之典範。南傳羅漢壇持誦南傳佛教經論中最為重要的《發趣論》與《大護衛經》總集。其中《發趣論》以二十四

緣論心與物的關係，為南傳上座部佛教的七部論書之一，而《大護衛經》如同南傳的水陸經，可消除痛苦、怖畏、危難、疾病等種種障礙。

水陸歷史藝術篇

靈鷲山水陸法會的美麗和祝福
── 微物間見永恆

　　走進靈鷲山水陸空大法會，內外壇環列，寶華之燈和殊勝之幔，營造一場心內和心外盡皆和諧的盛會。

你來過靈鷲山的水陸法會嗎？

　　活在這個所謂的末世，有太多的紛擾攝走我們的心神，有太多的慾望像鉤子奪走我們的專注力，但在一期一會的心思中，我們偶而從佛事和儀軌中游移，有那麼一刻，你讚歎著法會中所有顏色和符號營造的，繁複的美學。你或許和我們一樣想像過，一場水陸法會的完成，是多少美學和藝術家的創意，每次水陸法會讓我們感動的，也是那從微物到巨大整體間和諧的美感，每件微物，每個轉角都有神明的意思。

　　我們都曾徘徊在英國詩人布萊克的長詩的前四句：「一沙一世界，一花一天堂。掌心握無限，剎那即永恆。」這是首哲學譬喻很深的詩，在微物間的永恆，就是在水陸法會中的詩意。

　　進到水陸法會，放下我們的煩惱，開放我們的感官，我們的眼耳鼻舌身意，與神明相通……

　　回家以後，感覺我們又可以重新開始了。

（源自：靈鷲山佛教教團《有緣人月刊》編輯總監　呂政達文）

第十六章
一千五百年的流傳史

何謂法界？理常一故。諸佛眾生，性平等故。何謂聖凡？十事異故。佛及三乘，是名為聖。六道群生，是名為凡。事雖有十，理常是一。何謂水陸？舉依報故。六凡所依，其處有三：謂水、陸、空，皆受報處。今言水陸，必攝於空。又此二處，其苦重故。何謂普度？無不度故。六道雖殊，俱解脫故。何謂大齋？以食施故。若聖若凡，無不供故。何謂勝會？以法施故。六凡界中，蒙勝益故。
—— 《水陸儀軌會本·卷一》

據《釋門正統》之記載：「諸仙致食於流水，鬼致食於淨地。」可見布施餓鬼時，飲食是放在乾淨的地上；布施神仙及婆羅門時，飲食要放入流水中。水陸法會就是水、陸、空一切生靈悉接普度，既施以食物令其飽足，接著又告訴他們佛法，令眾生心開意解、離苦得樂，這就達到超度的意義與作用。

　　水陸法會，又稱水陸道場、悲濟會等，是中國佛教經懺法事中最隆重的一種，有法會之王的美稱。這種法事是由梁武帝的《六道慈懺》（即梁皇懺）和唐代密教冥道元遮大齋相結合發展起來的。「水陸」之名，始見於北宋初年高僧遵式大師所撰的〈施食正名〉，謂係「所謂水陸者，因梁武帝夢一神僧告曰：『六道四生，受苦無量，何不作水陸（大齋）普濟群靈？』……用制儀文，遂於潤州金山寺修設。帝躬臨地席，命僧祐禪師宣文。」（見《金園集‧卷四》）。

● 唐朝水陸

據《佛祖統紀・卷三十三》載，水陸法會經周、隋變亂後不再實行，唐高宗咸亨中（670-673 年），西京法海寺道英禪師夢中受異人指點，得到梁武帝所撰儀文，水陸齋會流行天下。

梁武帝之後，水陸儀文失傳了一百六十多年，直到西京法海寺的道英禪師在夢中得到異人指點，醒後在大覺寺，從一位吳僧義濟之處得到梁武帝的水陸儀文，於是在山北寺再次興設水陸法會，沒想到會後竟然又見到夢中的異人與徒眾共數十人前來致謝。

異人告訴道英禪師：「我原是前朝的秦莊襄王，這些徒眾都是秦朝的大臣，因為生前造惡業而被囚禁於陰府。昔日梁武帝舉行水陸大齋時，前代紂王之臣都免去苦難得到解脫，我也暫時停止受苦，但因造惡的關係，獄情未決，今蒙您修設水陸大齋為我們懺罪，終於使我們脫離苦海，可以再轉生為人，特來言謝。」說完後他們就消失不見了。

從此道英禪師就常設水陸法會，天下盛行，所謂：「有欲消災除病者、欲求願乞福者、欲資糧來報者、欲升度先亡者，未嘗不以是為先務焉。」可見水陸法會在當時受到何等的重視。

● 宋朝水陸

宋神宗時（1068-1077 年），東川有一個名叫楊鍔的人，將梁武帝的舊儀，重新寫成《水陸儀》三卷，水陸的儀文開始有了新版本出現於世。元豐年間（1084-1085 年），佛印（了元）禪師住持於金山寺時，有商人到寺中請設水陸法會，佛印禪師親自主持，頗為壯觀，「金山水陸」因此而馳名一時。

宋元祐八年（1093年），蘇軾為亡妻王氏設水陸道場，並撰寫《水陸法像贊》十六篇，稱為「眉山水陸」。哲宗紹聖三年（1096年），宗賾刪補詳訂諸家所撰有關水陸法會之著述，完成《水陸儀文》四卷。

南宋乾道九年（1173年），史浩路過金山寺時，因聽聞水陸法會殊勝功德，便將四明東湖月波山的一百畝田地，捐建作為四時水陸道場。後來他還親撰疏辭，做儀文四卷，宋孝宗知道後，還特頒「水陸無礙道場」匾額。於是水陸法會在發源地「金山寺」大為興盛。

南宋度宗咸淳年間（1265-1274年），四明（今浙江寧波）僧人志磐續成《水陸新儀》六卷，並制訂水陸像軸二十六軸。於是金山儀文稱為「北水陸」，志磐所撰則稱「南水陸」。由此可見，水陸法會是在宋代興盛起來的。

宋代以後，水陸法會很快普及到全國，主要是因為宋、元兩代內憂外患，戰爭頻繁，人民災難深重。當時不但有錢人家獨自出資營辦水陸，連財力不夠者也共同集資修設，這就是後來「獨姓水陸」和「眾姓水陸」的由來。到了元、明，水陸法會規模更大，參加僧眾達到了千人以上。

● 元朝水陸

元延祐三年（1316年），朝廷設水陸法會於金山寺，命江南教、禪、律三宗諸位法師說法，參加的僧眾達一千五百人，因此徑山元叟行端有「朝廷金山做水陸升座」法語。

元至治二年（1322年）所修水陸法會，規模也很大。正印禪師在《金山大會歸上堂》云：「金山大會，誠非小緣。山僧得與四十一人善知識，一千五百比丘僧，同入如來大光明藏，各說不二法門，共揚第一義諦。」

此外，北京昊天寺、五臺山、杭州上天竺寺等南北各地，亦都曾舉行盛大的水陸法會。

● 明朝至今的水陸

明初自洪武元年至五年（1368-1372 年），相繼於南京蔣山修設水陸法會，其中以洪武五年正月所修法會規模最大，參加僧眾達千人。

明末袾宏依照志磐的《水陸新儀》（南水陸），稍微修改之後，成為《水陸修齋儀軌》六卷，行於杭州。清朝時儀潤又依袾宏之意，詳述水陸法會的作法與規則，撰成《法界聖凡水陸普度大齋勝會儀軌會本》六卷，成為流傳到今天的通用版本，稱為《水陸儀軌會本》共四卷。其後咫觀更就袾宏的水陸儀軌詳細增補論述，集成《法界聖凡水陸大齋普利道場性相通論》九卷，略稱《雞園水陸通論》，此外又撰《水陸道場法輪寶懺》十卷，皆為目前水陸所取用。

臺灣第一場水陸法會是在 1955 年舉行，在當時基隆的靈泉寺舉行三壇大戒戒會，第一場水陸就是在戒期間舉行。

延伸閱讀 ◆

金山寺

　　位於江蘇鎮江郊外的金山，相傳為東晉元帝（或為明帝）時所創建。前臨長江，與焦山、北固山同為江南文人雅好遊歷之處。自宋代以後，才廣為世人熟知。梁武帝天監四年（505年），曾於此寺啟建水陸懺法。宋真宗咸平（998-1003年）初年，帝派遣內侍藍繼宗敕賜《大藏經》，大中祥符五年（1012年），改稱「龍遊寺」。宋徽宗時一度改為道觀，易名「神霄玉清萬壽宮」。至南宋淳熙年間，再由縕衷重修之。

　　清代康熙、乾隆二帝曾先後來此寺參訪。康熙二十五年（1686年）易名為「江天寺」，但金山寺的寺號仍極為流行。1912年，金山活佛妙善法師曾在此掛單數十年，以遊戲神通，濟度世人。現存天王殿、大雄寶殿、五觀堂、藏經閣等，還存有一座高約四十八公尺的八角七層塔，為金山寺著名建築。

第十七章
水陸畫藝術

宋僖宗駕回之後，府主陳太師於寶曆寺置水陸院，請南本畫天神地祇、三官五帝、雷公電母、岳瀆神仙、自古帝王，蜀中諸廟一百二十餘幀，千怪萬異，神鬼龍獸，魍魎魑魅，錯雜其間，時稱大手筆也。
——《益州名畫錄·卷上》

在水陸法會中有一項很特別的藝術品「水陸畫」，是舉行水陸法會時不可或缺的聖物之一。水陸畫懸掛在內壇，代表法會所邀請的對象二十四席諸天聖眾及六道眾生。水陸畫是舉行水陸道場時所懸掛的一種宗教畫，伴隨水陸道場逐漸發展起來的水陸畫，便成為中國宗教繪畫的一個類別。

唐代，道釋人物畫盛行於寺院的宗教壁畫，到了五代、兩宋時山水花鳥畫盛行，人物畫退居第二位，道釋人物畫漸不為畫家所重。特別是南宋以後，畫家們更喜歡山水，因而大量的寺院壁畫均由民間的專業畫工來承擔，技巧上代代相傳，上師古人，同時與當代畫家互相影響，取長補短。

這種道釋畫，隋唐以前主要施於寺壁，兩宋以後則漸於絹素上繪成通景，懸掛壁間。元明以來又逐步形成單幅立軸，以便保存、攜帶。宋代的畫可說是水陸畫的濫觴，作者都是隱名的民間畫師。千百年來默默無聞地埋頭創作，用自己的智慧、辛勤的汗水為許多寺院繪製了無數形象生動、場面壯觀的巨幅壁畫，用於水陸道場。其中有不少保留至今，但他們的姓名，卻多不為後世所知。

水陸畫代表水陸法會奉請的聖眾與一切眾生，在法會中具有重要性。

伽藍菩薩。

《水陸儀軌會本・卷一》：「水陸內壇，每席各有畫像，照牌位所列名位作之。相傳蘇文忠公曾製贊語，今已無考。雲棲謂南都所繪上下堂像……茲酌定應畫式樣六十軸。」《水陸儀軌會本・堂司門》：「水陸內壇畫像，古規上下兩堂共二十席，每席十位，即畫十軸。唯上堂第一席佛聖十三軸，第十席啟教諸師，增四明志磐、雲棲蓮池，共十二軸。下第二席，開出城隍列廟，本家土地兩席。下第四席，開出本家祖宗，或增正薦，此四席畫隨改，有無不定。」從儀軌的規範，可見水陸畫對水陸法會的重要性，因為它所代表的正是十方三界一切諸佛菩薩，諸天聖眾，四生六道一切眾生，所以一切擺設均不得輕忽。

寶寧寺水陸畫

佛畫專家忞雄說：「1982 年，我在山西的博物館發現一批保存相當完整，來自於山西寶寧寺的水陸畫，共有一百三十九幅，因為這些水陸畫是佛教藝術很重要的一部分，所以當時花了七年多將它們全部臨摹下來。」

「這批水陸畫經考證是明代舉行水陸法會所用，人物造型有很濃厚的道教色彩，不論是線條、造型、色彩很有特色。因此我畫的水陸畫以寶寧寺的風格為主，並融合歷代常舉行水陸法會的法海寺

的水陸畫。法海寺的內容比較精簡，寶寧寺的比較繁多，加上目前我們所使用的水陸法會儀軌是清朝的版本，只有七十三幅，因此只得擷取兩寺的精華，去掉太怪異的道教色彩，繼承明代的風格，重新畫過。」

歷代以來因為水陸法會普及民間，水陸畫多屬於民間畫師所作，品質上不夠精緻，而寶寧寺和法海寺的風格屬於皇家畫師所作，為目前尚存最好的作品。

靈鷲山的水陸畫

靈鷲山佛教教團在法會時所用的水陸畫為宓雄所繪，整個繪製過程是極為考究、費工的。所以，其整體畫面呈現出古典中兼具現代感及實用性，並且合乎古籍所述。

宓雄說，中國畫講求「三礬九染」，所以在繪製上色時要塗七層，每上三層後要再上礬，作用是阻隔顏色，才能畫出色彩鮮明、厚實中帶有透明立體的味道，為的是要呈現傳統、古典的佛教繪畫藝術。

因為中國人認為宇宙虛空是由五行構成，所以增加了很多山水畫在其中，代表金、木、水、火、土。這些山水風格是明代發展最嫻熟的青綠山水，

韋陀菩薩。

第一席 諸佛。

畫法和明、清以後，密教唐卡中的山水畫法極為相似，唐卡中的山水畫就是來自於此。另外也用很多金色，和青綠山水畫融合起來就是屬於皇家的畫法。

必雄重畫靈鷲山的水陸畫，由於濃縮了寶寧寺一半以上的內容，並以佛教人物為主，因此盡量呈現人物造型的豐富，但為兼顧空間感，有的畫面都以特寫處理，諸佛菩薩的淨土就以遠景呈現。根據《水陸儀軌》記載，微細的生命體也在邀請參加法會之列，在「微觀世界」的畫軸中，因為沒辦法畫細胞、微生物，所以蒼蠅、蚊子就成了主角。

另外，也運用中國畫的特色「散點透視」，每一席畫以三到五幅的畫軸組成，可整體欣賞，也可以一張張分開來細看。例如畫第一席諸佛，就是由中間一幅釋迦牟尼佛，加上兩側各有一幅藥師佛、阿彌陀佛、三世佛及十方佛共五幅組成。

中國繪畫藝術在明代已達極高的水準，整個水陸畫中也可以看到唐代、明代的人物、衣服的造型，在柔和中帶有神聖及冥界詭異的氣氛。為了因應現代也做了適當地小幅度修改，使整個水陸畫呈現「亦古亦今」的特色。

水陸畫的功用在於法會進行時，經由法師帶領大眾唱誦、依經文做觀修，加上相關法器、儀軌的運用，使參與者經由畫面更容易感受莊嚴、攝受的力量。

在創作水陸畫時，從佛到諸天、阿修羅、人、地獄、餓鬼、畜生等六道眾生都在畫中。每當畫到諸佛菩薩會覺得很寧靜、歡喜。畫到地獄、鬼眾的世界時就感到莫名的恐懼。因為得不斷地去揣摩畫中的情境，才能畫出感覺，就要想像惡道眾生的生活是什麼、在想什麼、吃什麼、住在那裡。這種過程讓人體悟到，心繫惡趣即現地獄，心想諸佛即現佛境，一切善惡之境，均是唯心所造。

第二席 法寶。

第三席 菩薩。

第四席 圓覺。

第五席 阿羅漢。

第六席 諸宗祖師。

第七席 神仙。

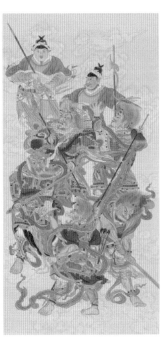

第八席 諸天。

第九席 護法。

第十席 弘揚水陸者。

第十一席 天眾。

第十二席 福德諸神、家庭香火、瘟疫神、城隍爺。

第十三席 歷代君臣儒宗、未得道果僧尼。

第十四席 各行各業、祖宗親眷冤親債主。

第十五席 阿修羅道。

第十六席 諸餓鬼眾。

第十七席 閻摩羅眾。

第十八席　諸大地獄幽冥眾。

第十九席　畜生道。

第二十席 中陰身眾生。

第二十一席 城隍列廟守護諸神。

第二十二席 地基主地靈公、灶神。

第二十三席 先遠歷代昭穆宗親、無祀孤魂眾。

第二十四席 度亡亡靈。

附録

附錄

靈鷲山心道法師
水陸開示文選

外壇灑淨開示

2010年7月28日

各位法師、各位菩薩大德，大家阿彌陀佛！

十分地歡喜，今年又在這裡與大家相聚。感恩一切的善緣，讓我們能夠年年成就這麼殊勝的法會因緣。

今天我們要舉行外壇的灑淨儀式，啟建梁皇壇場。《華嚴經》說：「灑甘露雨，滌煩惱故。」為了清淨壇城，讓大家安心辦道，以甘露法水清淨道場、驅除邪穢，並且祝禱吉祥。

「灑淨」不僅是為了開顯出湛然清淨的法會場所，同時也是為了洗滌大家的心靈，讓每一個人的身口意得到淨化，遠離一切障礙魔擾，順利圓滿一切功德。

今年水陸法會的日期作了變更，內壇佛事正好銜接「觀世音菩薩成道日」，也是靈鷲山的開山紀念日。其實，一切因緣都是不可思議，我們以利益眾生為最大前提，盡心盡力不放棄相應於法界的奇妙因緣。所以，改變日期，目的也是為了讓法會更順利、更圓滿。

從今天灑淨以後，就要展開我們十七年來，年年不間斷，為期七天的水陸大共修。在法會期間，我期許每一位弟子都要好好地精進，以我們清淨的身口意，把握這份共修的力量，為自身與家人進行懺悔、淨化、祈福，並且為所有的眾生、為這個世界，祈求平安吉祥。

我們今年水陸法會的主題是「守護心靈慈悲地球」。近年來，由於全球暖化、氣候異常，今年夏天，臺灣幾個地方都出現近四十度的高溫，根據這一、兩個月最新的氣象資料，全球多處也都出現高溫，印度某些地區，氣溫更是飆升到五十度，造成了數百人死亡。

如同《法華經》中「三界火宅」的比喻，就連氣候涼爽如天界的北歐國家，也難逃酷熱。這是因為地球生病了！病因並非出於地球本身，而是人心五毒貪、瞋、癡、慢、疑，致使人類做出種種破壞地球，同時也傷害自己的行為。

例如：今年四月，墨西哥灣油井爆裂，數百萬加侖的原油流至大海；今年七月，中國大連也發生油管爆炸事件，火勢延燒十五小時之久，受污染海域寬達一百平方公里，這些都將造成嚴重的生態浩劫，也將造成人類生存的危機。在人心問題方面，最近，富士康企業的員工連環自殺效應，更是反應出現代人心的異化、生命價值的偏差。

上個月，我到訪印度拉達克，雖然當地的經濟條件匱乏，也沒有什麼天然資源，但從當地民眾的眼神裡，我所看到的，是單純與快樂，因為他們有非常豐富的宗教精神生活。

種種痛苦與傷害，最根本的，還是要回到我們每個人的「一念真心」。佛法的道路，就是引領大家回到自心的本來、慈悲的本來、寧靜的本來。

我們靈鷲山水陸法會，就是透過「嚴謹、慈悲、平等」的共修，以純真、誠懇的祈禱，去轉化自心、改變社會環境，消弭種種潛在的怨氣，將所有無明蓋障，轉換成良善的記憶。

如何讓水陸的能量更能夠發揮，就是要啟動這份利益眾生的清淨菩提心，而這也就是靈鷲山的宗風「慈悲與禪」，禪就是守護我們的心，慈悲就是利益眾生。在水陸法會期間，要無時無刻地呈現宗風，並且明白守住自心、不放逸，耐心、耐煩地與人相處，積極正面地服務大眾，共同守護我們的一念善心，慈悲一切法界、慈悲我們的地球。期待大家在接下來的每堂佛事中，都能感受到諸佛菩薩的威德神力加持，勇猛發心，精進不退。三寶加被，水陸法會吉祥圓滿！阿彌陀佛！

內壇結界開示

2010年7月30日

　　各位法師、各位菩薩大德，大家吉祥、大家好。阿彌陀佛。

　　每年的今天，是我們靈鷲人齊聚一堂、同霑法益的一個殊勝時刻。此時此刻，我們即將升起最殊勝的水陸壇城，以大悲心周遍法界，利益十方三世一切有情。今年是靈鷲山第十七年的水陸法會，這十七年來，不知道在各位的心中，留下了什麼樣的痕跡、什麼樣的感動？是平安，還是什麼都沒有？雖然我們每一年重複同樣的法會儀軌，但各位不要認為這只是在重複同樣的事情，而是要年年在法會中，有更深入的體會與覺察，帶著這份生命的感動來昇華靈性、福祉社會。我們應該如何準備參與這個殊勝的法會？首先，就是要有一顆清淨心，用持咒、誦經、守戒來潔淨內心，騰出心靈的時間與空間，接受佛法的洗禮和教導。心是一切事物的開端，心潔淨了，才能學習到成佛的方法，轉換生命的能量。透過結界儀式，讓法會現場成為神聖的空間，使法會壇城內外、上下，都成為清淨無染的金剛聖地。我們要虔誠地禮請龍天護法降臨、守護壇城，讓邪魔無法侵入，更要祈願菩薩聖眾，加持、護佑這場法會。相信我們以無限光明的清淨心來結界，必能創造生命大和解的神聖奇蹟。

　　生命就是一個記憶體，過去的因緣所累積下來的一切，會在這一世當中顯現，而這一世所造的業，也將會記憶到來世、來生。因此，對於生命中所遭遇的因緣現象，不要選擇去記憶仇恨，因為仇恨只會帶來更多的仇恨。由貪、瞋、癡、慢、疑五毒所引發的衝突，只會破壞我們生存系統的和諧，帶給這個世界嚴重的災難。不管好緣或壞緣都是緣，我們要接受並努力將它轉換成善緣的延伸，才能夠解脫生命的輪迴。

　　水陸法會就是透過懺悔、讀經、供養，來轉換貪瞋癡的記憶體，使生命與生命之間，能超脫罪苦、障礙，而能夠連接圓滿和諧的因緣組合。懺悔是剷除

自己與祖先等一切有情的怨結，純淨彼此的關係；誦經是疏導思想的阻礙，教導我們釐清生命的糾纏，走上願力的通路；供養則是增長福德善緣，圓融生命過程中的逆緣。法會利益就是將懺悔、誦經與供養的功德，迴向給我們的祖先與一切眾生，使眾生都能共同了脫生死、趨向淨土。

上月底，我應邀出席印度拉達克的「回佛對談」。當地的佛教徒與穆斯林因為利益的關係，彼此有了摩擦衝突，被貪念蒙蔽了心，造成了傷害與毀滅。

我向他們說：「**要重新看見彼此存在的事實與共同的價值，體悟信仰帶給大家的多元滿足，不要讓利益蒙蔽了內心。唯有各宗教攜手合作，才能讓這片土地成為距離天堂最近的地方。**」「放下」才能看見問題的所在，而唯有「無我」才能看見彼此和諧共生之道。各位菩薩也該如此，放下自我，從當下去關愛與轉換夫妻、子女、朋友之間的關係，在生活中修行、結善緣、行菩薩道。

生命和諧不僅在於人與人之間的關係，也包含了人與自然間的關係，地球的災難與人類的共業有關，惡業越大，災難就越多。這些年來，發生了各種天災人禍，例如：金融海嘯、地震、水災，以及種種異常的天氣變化。這些災禍不僅造成了生命財產的損失，也讓生存環境更加惡劣。所以，今年的水陸法會，特別選擇「守護心靈慈悲地球」為主題，期盼藉由水陸法會凝聚善緣、和諧人類與地球的關係，而這一切都要從自心開始。心平安，世界就平安。

各位菩薩大德，我們生活在人與人、人與社會、人與自然的重重關係中，需要時時清淨，不要放逸自心，將內心潛藏的種子，轉換為成佛的菩提種子，並慈悲地將它彰顯在我們的生命中，而這也就是靈鷲山的宗風──「慈悲與禪」。為成就如此大的一個悲願，

　　我們特地將今年的水陸法會提前，與觀世音菩薩成道日同時，期盼能效法觀世音菩薩成道的精神，聽自己內心的聲音，聽他人的聲音，聽地球的聲音，傾聽世間一切的聲音，並用佛法悲願轉換苦難，讓佛國淨土在世間開花結果。南無大慈大悲觀世音菩薩，阿彌陀佛，祝福大家，並祝福我們的法會能夠殊勝圓滿。阿彌陀佛！

幽冥戒開示

2010年8月2日

各位法師、各位菩薩大德，大家吉祥、大家好，阿彌陀佛。

靈鷲山每年水陸法會的佛事，最多人參加的就是今晚。大家知道為什麼嗎？因為今晚的佛事，是為累劫以來與我們有緣的眷屬求受幽冥戒。沒有受戒就沒有辦法清淨我們的業障，所以要清淨業障，就要從受戒開始。我們的歷代祖先、累世冤親債主，要受幽冥戒後，彼此的冤業、債務才會得到平安，因此幽冥戒是水陸法會非常重要的一場佛事。

我們來到這個世間，要感恩父母的養育，緬懷祖先留下的恩德，更希望能與一切有緣的眷屬、十方法界的眾生，結下生生世世的善緣。所以請大家以虔誠恭敬的心，觀想自己無量劫以來的父母、師長、祖先、冤親債主，一起來領受殊勝、莊嚴的大乘戒法，斷惡修善、累積功德。眾生由於不知道因果，又不認識佛法，所以在有意、無意中，造了許多的罪業，輪迴在惡道中受苦。殺業重的在地獄受苦，貪心重的在餓鬼道挨餓，癡心重的在畜生道中恐懼，這些苦實在說上幾天幾夜都說不完。生老病苦，愛別離苦，怨憎會苦，大家只要到醫院走一趟，就會非常能體會這些苦。一切苦的生起，都是來自於我們的心的執著，所以我們要透過善知識來引導，明白、認識自己的心。今天為一切法界的眾生做大皈依、受幽冥戒，就是希望一切在苦海輪迴的眾生，都能得到諸佛菩薩的接引，學習佛法，放下執著，遠離貪瞋癡的習氣，免於輪迴。

皈依三寶之後，首先要受戒、學戒，使自己的身心清淨，將生命中的業力轉成願力，轉換我們的記憶體，讓我們離開惡業、親近善緣。《佛遺教經》說：「若人能持淨戒，是則能有善法，若無淨戒，諸善功德，皆不得生，是以當知戒為第一安隱功德住處。」戒是第一安穩的住處。很多人怕受戒，怕受了戒就不自由，這是要改進的。要知道：受戒才能斷惡，受戒才能徹底修善。我們要

能在生活當中，用戒法去淨化業識，讓妄想轉成清淨智慧，變成善良的一個記憶體，這樣才能脫離輪迴苦，使生活更加自在、安定、平穩。

受幽冥戒之前，有四個前行：首先，要發起信心。學佛是世間最大的福氣，大家要自始至終堅固對佛的信心，深信佛法、不退轉，學佛最重要就是自始至終信心不退轉。其次，要皈依三寶，也就是皈依佛、法、僧。佛代表圓滿的覺者，成佛就是我們的目的；法就是學習覺悟的方法，也就是學習如何成就佛的法；僧是引導我們覺悟的老師，也就是所謂的善知識。

再來，要懺悔，整個水陸法會的佛事，就是從我們深層的生命感觸上去懺悔，把那些罣礙、垢染的業障，通通消滅；最後，是發菩提心。發起四弘誓願的菩提心，也就是「眾生無邊誓願度，煩惱無盡誓願斷，法門無量誓願學，佛道無上誓願成」。這是我們發菩提心要發起的四弘誓願，要讓一切有緣的眾生，都能夠發起成佛的心。發菩提心，就是學習解脫法，斷煩惱、成佛道。

接下來，是正行的階段：首先，要求戒，這裡的戒就是指大乘佛法的三聚淨戒。「願斷一切惡」，是攝受我們的律儀；「願修一切善」，是攝受一切善法；「願度一切眾生」，是能夠平等救度一切眾生。再來，是說戒相。大乘菩薩的十戒就是「不殺生、不偷盜、不邪淫、不妄語、不飲酒（這是指會讓我們迷失心智的行為，比如說酗酒、吸毒）、不說四眾過（四眾就是比丘、比丘尼、優婆塞、優婆夷）、不自讚毀他、慳惜加毀戒、瞋心不受悔戒、謗三寶戒」。其中以不殺生為大乘菩薩的十大戒的首位，意思就是說，大乘菩薩以愛護一切眾生的生命為最重要。

大家知道，師父是從緬甸來到臺灣。我常去緬甸仰光的大金塔，那裡是一個非常神聖、靈感的地方。我常去做什麼呢？去繞塔發願、持〈大悲咒〉。發什麼願呢？願我所有出家、在家的弟子，都能夠發菩提心不退轉，道心堅固。我們學佛，如果沒有發菩提心，是絕對不能出離三界（欲界、色界、無色界）的。所以行菩薩道、發菩提心，是一條非常重要的出離的路，也是唯一的出路。菩薩道是一條最真實、最殊勝的道路，我們今天不走，將來一定會遺憾、後悔。菩薩道引導大家走向成佛，因此大家千萬不能忘失菩提心，要為利益眾生而成佛，菩提心只能增長而不能退轉。希望參與水陸法會的所有菩薩大德，都能共同體認到佛法的這份光明。能夠將這份光明，永遠無盡地傳遞下去，就叫傳燈。我們學佛的弟子們，永遠都不能忘記要傳承這份善業與智慧，讓佛法不要中斷。如果佛法一中斷，我們就不知道怎麼出離、怎麼走出輪迴、怎麼解脫無盡的煩惱與生死。所以大家要傳承佛法、利益眾生，最重要的就是要傳承。現在水陸法會有很多年輕人來參與，這就是我們一代一代地把佛法傳下去的展現，不能讓佛法在我們手中斷了。

我們要知道，傳承佛法大家都有責任，不要聽到出家就頭昏腦脹。希望一切眾生離苦成正覺，共創清淨、平等、慈悲的佛國。佛法的光明，讓一切的黑暗遠離，轉換成無盡的光明，並在每個人的佛心中，都能夠開展出來。

阿彌陀佛！

圓滿送聖開示

2011年8月10日

各位法師、各位菩薩大德，大家吉祥如意，阿彌陀佛。

感恩大家這幾天的參與，相信大家雖然身體辛苦，但心裡必然是法喜充滿，因為聽說大家在這次法會中都很有感應。

水陸一直是大家一起共襄盛舉的重要法會，在十八年當中，能一心把水陸法會辦得圓滿，這就是大家的努力。我們成立了水陸願力委員，而這些願力委員，促使水陸有更多成員來報名，因為有他們推動報名水陸，使大家能更踴躍地參加。希望大家一起成為水陸願力委員，踴躍地參與，讓水陸法會更加殊勝、圓滿、成功，讓法會現場變成淨土。

圓滿送聖，就是要「奉送十方法界四聖六凡，齊返真境」，所謂「真境」就是心不起妄、無瞋無癡的實相世界，而所謂「實相」就是我們的本心實性，也就是我們的真心。

諸佛與眾生之間本來平等，因為諸佛與眾生只是覺與不覺的差別。我們自心的緣起造作，生成了十法界，十法界是我們一心所造，所以說十法界不出一心。

六道眾生之所以徘徊無邊無際的生死輪迴，都是因為心識迷妄不覺所造成。因此，我們藉由參加水陸法會，真心懺悔、皈依持戒，了悟輪迴的虛幻，回到本來光明的覺性。

今年是水陸第十八年，十八是成年的歲數，因此對佛法的學習也要更清楚、成熟。大家如果認真聽師父開示，就會發現師父今年是很用心地把一生所

證悟的法講給大家，希望你們由凡入聖，從生活中體悟究竟的佛法，真真實實地受用佛法，做到真正的慈悲、嚴謹與平等，這就是「禪」了。

「建水月道場，作空華佛事，度如幻眾生。」桃園巨蛋每年舉辦七天的水月道場，在做水陸的時候，這裡就是聖地，也就是華嚴十法界的道場。我們在這裡度有形、無形的眾生，也就是度如幻一般的眾生。我們在水陸期間，確確實實地感受到歷代祖先、冤親債主的存在與來臨，並與其有所相應。只要大家都能發起菩提心，回到日常生活後，做更多關懷生命、利益社會的事情，就會讓水陸的精神不斷地延續。水陸不僅是七天的「水月道場」，更是永遠不退轉的菩薩志業。我們大家要記得續報水陸，建立靈鷲山的水陸佛國。

法會的功德圓滿，除了感謝佛菩薩的加持，以及在座各位的誠心護念，我們也要感恩主法和尚慈悲住持道場，以及內、外壇所有法師的辛勤、辛勞。他們的願力與奉獻，共同成就了這場「百年水陸」的善緣。

水陸法會是靈鷲山大團圓、大團結的日子，在這一天人人充滿喜悅，串起靈鷲人生命中不可磨滅的記憶和緣起。今年對靈鷲山來說還有另一種意義，就是世界宗教博物館開館已經十週年。當年大家辛辛苦苦地努力，一念向善，「一人一百元」積沙成塔，打造了全球第一座世界宗教博物館，這份成就是屬於大家的。希望十一月九號，宗博館開館十週年的紀念日，大家能回娘家團圓，一起回去博物館參與這個盛會。也希望大家共同分享這份世界宗教博物館成就的榮耀，多多關心，讓宗博館的熱潮再提升起來。

感恩大家！祝福大家事事順心、身體健康、心想事成、功德圓滿。

阿彌陀佛！

附錄

水陸法會
問與答

問：什麼是超度？

所謂超度，就是做法事讓死去的人能夠再去投生。為什麼投生需要我們念經呢？因為念經會增加他的功德福報，當他投生的時候，就會有喜悅的心情。心情好的時候，投生的地方就好；心情不好的時候，投生的地方就糟，所以念經對投生者是一大助力。

我們超度眾生、讓眾生很順利地去投生，類似接生婆的作用。投生時沒有超度，就跟生產時沒有接生婆一樣，只靠自己業報的力量，下一世很難有很好的新生命。

問：超度是度人？度給自己？還是度所有生命呢？

超度，是要度一切「九生十類」的生靈，九種的生命狀態，十種的類別，十類也就是「十法界」。佛法的生命，講的是六道。六道就是天、人、阿修羅、地獄、餓鬼、畜生六道，這六種形態之外，還有九生，就是「胎、卵、濕、化、有色、無色、有想、無想、非有想非無想」等等，任何生命狀況都可以超度。

所謂的「超度」就是讓冤結釋懷，讓它能夠超越、脫離。不管是螞蟻還是跳蚤，即使空氣裡面的細菌也好，累生以來，我們為了生存、私欲所殺的太多了。今天剛好有機會去超度他們，如果不超度就是照常相欠債，照常報應不斷，也就是所謂自作自受。所以，我們要超度累劫所吃、所殺、所害的一些生命，把惡業轉成善緣，無緣也可以結緣。

超度就是跟三惡道做公關，讓他們轉成人道，彼此再來良性互動。超度可說是做冥陽兩界的公關。

問：水陸法會為什麼最殊勝？

水陸法會就是講法的大齋會，七永日中，所有供養的供品可以稱為「財施」，延請百位法師禮誦諸經是為「法施」。財施可以養命，以資助福業；法施可以開悟本性賜以智慧，兩種布施同時運行，讓眾生都可以得到滿足，便能具足無量福德。所有財施、法施，就是希望讓眾生離怖畏，具有善業功德，殊勝稀有。

我們要為未來的命運打拚，就要積存生命的能量。如果把每個人都當作福田，來做布施歡喜、廣結善緣、造福人群的事情，就不會相欠債，也可以學習對群眾有愛心。如此對整體生命都好，未來生生世世的資源也就受用不盡。

所以，仗三寶聖賢的慈光悲願，水陸法會將愛心擴大到無形，並連結社會大眾的愛心，讓社會得到淨化安定。如果是有形眾生，就一起做善事；如果是無形眾生，就為他們做超度，讓他們得到安寧。藉此跟所有眾生結下更深的法緣，具足無量功德，成就我們未來生命福慧的基因。

問：民俗稱七月為「鬼月」，在這個月祭拜「好兄弟」。當祭拜祖先的時候，也請好兄弟來吃，這麼做跟水陸法會有什麼不一樣的意義？

我們中國人有拜祖先的習慣，但這種祭拜幽冥眾生吃一頓就散了，吃完這頓，下一頓就不知道在哪裡。雖然一時吃飽，但沒辦法有福報，還是要受苦、受難。

所以，我們要請法師念經、對鬼眾說法，以超度鬼眾，這才是對他們最有利益的做法。民俗祭祖是請一頓，這有需要，也可以做，但如果要真正解決他們的問題，還是需要超度。

問：水陸法會有哪些儀式？

首先，整個場地先經過結界。所謂「結界」，簡單來說就是標示「這裡是我請客的範圍，其他人不能亂來！」結界可以讓干擾的事物遠離。接著灑淨、請上堂、請下堂、供上堂、供下堂；上堂就是諸佛，下堂就是所謂六道眾生。

要請聖凡二界聚集勝會，非常不容易，因為三惡道的眾生，原本幾世幾劫也不可能遇佛聞法，解除業障。所以修法時，我們用告赦、請下堂，把他們暫時從惡道裡「假釋」出來，讓他們也能有機會脫離苦惱；接著，為他們舉行皈依、受幽冥戒；最後，一起受供、聽經聞法。利用他們靈識心開意解的時候，仗佛的加持力，往生淨土，或重新投胎，往生善趣。

以上只是法會的簡單介紹，最重要還是靠所有人的至誠心所匯聚的巨大能量，來轉業力為願力。

問：如何感得水陸的功德？

《法苑珠林》云：「末法之人以散逸心抄寫、讀誦經典，或隨意放置令風吹雨打蟲咬，致使經無靈驗之功，誦無救苦之益，是因為人驕慢而心不誠所致。」歷年擔任水陸法會主法的戒德老和尚說：「有一分的虔誠心，就有一分的功德。」《金剛經》亦有說明：「有持戒修福的人，能對《金剛經》的經句生起信心，這個人已經是無始劫來，從無量千萬佛所種下的善根，而其所得的福德也如無量的千萬。」

所以參加水陸法會要對三寶有信心、恭敬心、虔誠心和歡喜心，那麼所得到的功德將清淨無染，並且不可思議。

參加水陸法會最重要的是誠心，如果不誠心，以為繳了錢就有功德，這是錯誤的想法，因為參加水陸法會主要的是發願，生起慈悲心超度眾生。如果不是出自於誠心，則出錢的功德有限，慢法的罪過無窮，所以心誠則靈，無感不通。

為什麼說水陸法會的功德大，就是因為由很多人的願力匯集成一個莊嚴隆重的法會；當成千上萬的人都聚集來參與，這就是願力，而功德也就在這裡。

問：若是已經參加過水陸法會，親族也都已經消災、超度，還需再參加嗎？

一秒鐘會有多少生命死亡？一秒鐘又會出生多少眾生？在這個浩瀚的宇宙中，一秒鐘無量無邊，數不盡的眾生在裡面生死輪迴。

佛法說：「生生世世我們擁有過許許多多不同的父母，每一生都不同，所以虛空中任何一位有情眾生都曾經是我們的父母。」累劫輪迴的父

母，仍不斷地生死，仍在惡道受苦。而我們今生因身、口、意對眾生所造成的傷害，更是不計其數。唯有反省的時候，才是有效的超度；唯有自己檢討的時候，才可以出離；如果生起惡心，就無法受度。活著的人也一樣要生歡喜心，這不是一次就做得盡。因此，不要放棄任何幫助他們的機會！

一般在三惡道受苦的眾生，必須等到報盡以後才能逐步地往上升，例如地獄道的眾生受完地獄之苦，才能往上到餓鬼道，餓鬼道報盡之後，才上升到畜生道，畜生道報盡才能往生善道，很少有眾生能夠地獄道報盡就投生為人。佛法的功德不可思議，僧寶的能力也不可思議，超度、拜懺對亡者有很大的幫助，可以縮短三惡道眾生受苦的時間。

問：超度是否受到時空的限制？

其實虛空之中，沒有時間和空間的距離，完全是念力的問題，心念會產生因果，「一念遍法界」，時間、空間是我們自己想出來的，佛法中本來就沒有時間與空間的限制。每個人的差別就在於一念解脫與否，如果能夠解脫就自在，這一念就沒有時間和空間的區別。

問：為什麼超度冤魂不容易？

冤魂是很難超度的，冤結就是一種罣礙。冤死者本身就是一種遺憾，但要怎樣去彌補呢？就是用超度，不斷感應和平、正念的磁場，讓他得到助力、除去罣礙，有善緣再去轉生；就像掃地一樣，一次掃不乾淨，就再掃一次，所以要繼續不斷地超度。例如比較嚴重的海難、船難、天災人禍，就必須要超度好幾遍，把那頑強的冤結一次又一次打開、鬆綁，直到把靈識的障礙除掉。

社會上有很多冤死的人，死得情不甘、意不願，怎麼解決呢？除了表示無限惋惜和遺憾，更重要的是如何去彌補，這個時候就要靠超度！

問：如何感受到亡者已經得到超度？

《地藏經》中說地藏菩薩累世以前為救度墮入地獄中的母親，曾布施供養三寶，母親後來得生為天人，地藏菩薩更發願生生世世都要救度罪苦的眾生脫離苦海。

很多人做完水陸法會後，被超度的六親眷屬會示現在夢中跟他們道謝，或者夢到他們神情愉快，穿著漂亮的衣服出現在夢裡，這都是因為他們已經得到法會的功德利益了。

做超度如果讓你喜悅的話，將感到肩上的擔子放下、心念很清淨，四肢百骸都很舒服，這是因為內心已經沒有壓力。如此點點滴滴的感受，在法會裡面都能體會到。

問：為什麼水陸法會很注重懺悔？

弟子虔誠，必蒙感應。

「懺」是消滅往昔所造的罪障，「悔」是立願未來永不再造。世人發心求菩薩道的很多，但往往因業氣太重，意志薄弱，稍一不順即生退轉；又有一些人福報不夠，從不曾聽經聞法，一輩子就在世間惡法中浮沉，行懺悔就是希望生起大慈大悲心，誓願成就佛道。

常常懺悔、不再造惡，我們的善念就會湧出，才能破解原來積存的罪習業力，把種種不好的因緣轉成推動我們的命運最好的助力。一切善、惡業的根源取決於起心動念之初，而不是所做出來的事情。如果發心是正確的，那麼所做的一切行為都是善業，如果動念是惡的、自私的，那麼所做的一切善業都是不清淨的，以清淨的動機去行一切的善業，這是最真實清淨的方法。

《準提陀羅尼經》說，如果我們誠心懺悔，便能於夢中顯現淨罪相：夢見吐惡食、夢見飲乳酪與吐乳酪、夢見日出與月出、夢見遊行於虛空、夢見猛火及水牛、夢見制伏黑人、夢見比丘與比丘尼眾、夢見聽聞說法……等。

問：參加水陸法會可化解身心上的苦痛嗎？

我們整個身體，是靈的組合，所以身體會生病，這是因為有一些壞靈跟你結冤。早在創造這身體前，你就結了不同的緣，而形成這個身體！業報就是好緣、壞緣的組合。今天我的身體生瘤、產生癌細胞，就是因為結怨的怨氣沒消，怨恨就會生瘤。所以我們要結好緣，不要結壞緣。小冤可以用消災、改運、超度來解決；如果是大冤，超度沒辦法完全解決，但可以減少痛苦。例如罹患肝癌、骨癌等病會非常痛苦，而念經超度可以減緩這種折磨。

我們每個人都常常會碰到冤親債主，往往一個冤親債主，就可以讓事業、家庭、婚姻出現問題，造成我們身心上的病痛與苦楚。而在水陸法會當中，仰仗佛、菩薩慈悲加持力量來緩和衝突。

問：參加水陸法會對家庭不和有幫助嗎？

超度是孝道的表現，當然可以使家庭和諧。家庭不圓滿，是因為過去歷世歷劫的冤親債主在阻撓所有好的因緣；參加水陸法會，就是運用我們的懺悔的心念，祈求佛、菩薩來超度冤親債主，讓逆緣轉變成善緣，因此可以幫助家庭和諧。

今天我們有飯吃、有房子住，就要心存感謝、回饋。發回饋心去參加法會，不是為自己做，而是要幫助別人，無所求地做！

現代人都有共同的煩惱，就是社會混亂，家庭不和，錢財方面也不怎麼如意。這是因為社會缺乏倫理，才會產生這種現象。參加水陸法會是一種倫理的教育，能因此建立倫理及慎終追遠的崇敬心，而這正是建構和諧社會的基本要件，所以水陸法會是非常適合社會大眾參與的活動。

問：水陸法會辦過之後，冥陽兩界會有什麼樣的改變？

我們的社會不安寧、不協調，彼此之間有一些不安，形成一股怨氣、戾氣，使人殘暴。所以，超度的時候就是要把這種不好的氣轉掉。鬼道是一種陰森森的鬼氣、一種無形的穢氣，如果將這種陰森森的氣，轉變成祥和的氣，社會就非常安定了。

法會辦過之後，社會一定比較祥和。如果做超度把冤怨之氣消弭，相對地，祥和之氣就會興盛，必定對社會的安寧很有幫助。所以水陸法會有助於冥陽兩界，在超度我們的祖先之外，也能幫助我們的社會，讓人與人之間更祥和。

問：為什麼打齋之後還要加上放燄口呢？

打齋就好比請沒有錢的人吃飯，放燄口就好比請沒有錢的鬼吃飯。眾生都吃飽了，皆大歡喜。因此，菩薩在說法度眾生時，也經常會放燄口，讓眾生有飯吃；等他們心情好了、開心了，才度化他們。

問：水陸法會分為內、外壇，內、外壇有什麼差別？

為了莊嚴內壇，所以設一個外壇，專為輔佐內壇的殊勝心；在外壇先把經都念了，用這個力量護持內壇的嚴肅、莊嚴以及殊勝。

內壇是整場水陸法會最重要的精神重鎮。透過主法和尚的觀想，引領功德主進行法儀，共同震盪、表彰宗教情操。內壇共設二十四席，分為上堂十席，諸佛菩薩與諸大聖人位列於此；下堂十四席，包括六道群靈眾生。法會所超度的一切對象都在內壇召請。

外壇主要是誦持大乘經典與諸懺儀（祈求滅罪、消災、解厄、濟度亡靈等）。外壇共有一大六小壇口：梁皇壇、華嚴壇、法華壇、淨土壇、藥師壇、楞嚴壇、諸經壇（靈鷲山水陸法會 2001 年增設密壇，2013 年增設南傳羅漢壇）。

問：參加內壇還需要參加外壇其他功德項目嗎？

外壇每一種功德項目皆有不同的功德利益，為累積更多的福德善緣，大眾可以廣植福田，多參加其他佛事（例如：齋僧、點燈、護生、施食燄口、供花果……等）。

問：若氣比較弱時，參加水陸法會會不會沖犯到？

參加法會的時候，只要心地磊落、慈悲為念，一心祝福亡靈能夠離苦成正覺，誠心感動佛菩薩，沖犯的禁忌就能化掉，此外還能息災增福！

問：無法親自到場參加，誠心是不是不夠？

如果真無法到場，可以在家中虔心默禱，召請被超度者前往法會現場聽經聞法，法會期間最好能吃素，並以此功德至誠迴向，祈願冥陽兩利、吉祥無礙。誦經功德貴在自己的發心虔誠，發心愈大，虔誠愈深，則功德廣大愈是不可限量。

問：梁皇大壇消災超度及懺主有何不同？

消災祈福和超度報恩皆是個人小牌位，懺主是闔家大牌位。

問：能為寵物報名參加法會嗎？

可以單獨做內壇，也可以報名外壇各功德項目。

問：已報公司壇，是否需要增加超薦公司之地基主？

不需要，內壇二十四席已有地基主的大牌位（下堂第二、十二席）。

問：是否需要年年參加水陸法會？

生命是永無止盡的，六道眾生輪迴不斷，一切眾生都是我父我母，都是歷代祖先。所以參加法會就是希望能發菩提心，救度一切如父、如母的有情眾生，脫離輪迴苦海。

歷屆靈鷲山
水陸法會回顧摘要

靈鷲山水陸法會自1994年舉行以來，迄今已與臺灣民眾一同走過二十年的歷史，這些弘法利生的種種事蹟，沒有因為時光流逝，漸為世人淡忘。今天，所有靈鷲人不僅是站在悲智願行的菩薩道上；更重要的意義，在於所有靈鷲人以願力證明了世界的和平是可期的，人性的美善是值得歌頌的。

　　靈鷲山佛教教團籌辦世界宗教博物館已於2001年11月9日正式開館，隨著心道法師為宗教交流及愛與和平的理念走遍世界各地，而得到國際社會的尊敬推崇，遂有其他國家響應設立宗教博物館的計畫出現，這代表了新世紀人類的大和解。與之對照，水陸法會代表了眾生平等的精神。真正的生命教育，絕不僅是教化所有肉眼可觀的一切生靈，更涵蓋了全生命的教化，一切眾生的教化。

歷屆水陸法會回顧摘要

● 1994

法會主題：護國息災・祈福報恩

時間：1994.08.16～08.22

地點：臺中光復國小與臺中體專體育館

靈鷲山首次啟建水陸法會，法會現場莊嚴攝受的氣氛，使參與者感受到平靜與感動，奠定每年靈鷲山水陸法會廣大願力聚集的基礎。法會現場為三月在浙江省千島湖罹難者設立超薦牌位，心道法師更為罹難者及家屬皈依，並為全國人民點燈祈福，祈求國泰民安、社會安和樂利。

● 1995

法會主題：終戰五十年・息靈祈安

時間：1995.08.03～08.09

地點：桃園巨蛋體育館

靈鷲山首度於桃園巨蛋體育館舉辦水陸法會，適逢中日戰爭結束，臺灣光復五十週年，故特為戰爭中死難的孤魂作超度、息靈安魂法事。法會期間更舉辦「生活藝術大展」，讓群眾從生活中親近佛法，以推動社會心靈的淨化並倡導學佛的風氣。而此次圓滿的法會，也開創了靈鷲山每年於桃園巨蛋舉辦水陸法會的傳統。

● 1996

法會主題：關懷家庭・改變家運
時間：1996.08.16～08.22
地點：桃園巨蛋體育館

鑒於解決社會問題的根本在於家庭，故此次法會特以「關懷家庭、改變家運」為主題，建立倫理與慎終追遠的崇敬心，讓家庭充滿祥和與希望。現場並為賀伯颱風中受難者安置牌位，以及舉辦「佛化生活講座」及「一花一世界、一葉一如來」的花藝大展，促使與會民眾能體驗虔誠、注重靈性的佛化生活。

● 1997

法會主題：改造心靈・慈悲開運
時間：1997.08.08～08.14
地點：桃園巨蛋體育館

為了響應全民推動心靈改革運動，將法會主題定名為「改造心靈，慈悲開運」，並舉辦「心靈禪藝展」，希望引導國人認識宗教藝術之美。法會現場為全國人民點燈祈福，並為全球禽流感疫情遭撲殺之畜靈超薦。

● 1998
法會主題：平安是福・求福求慧求平安
時間：1998.08.21～08.27
地點：桃園巨蛋體育館

有鑑於全球天災人禍頻仍，本次法會注重帶給社會大眾「平安就是福」的觀念，達到消災解業、安定社會的最終目標，現場並設有居家平安主題區，推廣大眾平安生活的食、衣、住、行、育、樂，並有持誦〈大悲咒〉千萬遍而煮成的大悲粥與大眾結緣。水陸法會中更為華航大園空難罹難者超薦。

● 1999
法會主題：開運致福
時間：1999.08.11～08.18
地點：桃園巨蛋體育館

本次與桃園縣政府合辦「桃園淨土──中元藝術祭」複合式全民活動，結合宗教、公益、藝術文化及民俗薈萃，以生動活潑方式呈現二十一世紀「新普度」精神，並發行「2000/2000 全民行善卡」，呼籲民眾發兩千個好願或做兩千件好事，來迎接2000 年的到來。水陸法會中更為臺灣、澎湖、金門地區口蹄疫事件中被撲殺之畜靈超薦。

● 2000

法會主題：二○○○中元祭・
　　　　　送愛到地球家
時間：2000.08.09～08.16
地點：桃園巨蛋體育館

此次法會活動包括了中元贊普活動、風中
祈福、送愛到地球家等，更沿續了靈鷲山
重視慈善公益的精神，特為九二一大地震、
八掌溪事件罹難者、法國協和客機空難罹
難者設立超度牌位，希望為臺灣增添平安
祥和的磁場，祈福息災。

● 2001

法會主題：放送福氣・富貴臺灣
時間：2001.08.22～08.28
地點：桃園巨蛋體育館

契合時代脈動，用資訊結合教育來推廣「e
世紀生靈普度」的創新觀念，並且凝聚愛
心，深入關注社會既有的生命禮俗，讓慎終
追遠的民俗祭典活動，延伸成靈性的生命教
育。現場除為大眾點燈祈福，更為九一一美
國紐約雙子星大樓恐怖攻擊事件中罹難之生
靈及新加坡航空空難罹難者設立超薦牌位。

● 2002

法會主題：善待亡靈・善待生靈・
　　　　　善待心靈
時間：2002.08.14～08.21
地點：桃園巨蛋體育館

站在悲智願行的菩薩道上，善待和教化普
天下有情眾生，讓亡靈得以安息，生靈
能夠平安，心靈得到平靜。為五二五華
航馬公空難不幸罹難的亡靈，以及美國
九一一攻擊事件罹難者與九二一震災中
的往生者設立超薦牌位與誦經超度，並
邀請慈濟、搜總等災難前線救援團體為
臺灣一起祈福點燈。

● 2003

法會主題：十年水陸・萬世慈悲
時間：2003.08.06～08.13
地點：桃園巨蛋體育館

靈鷲山佛教教團舉辦水陸法會第十年，
現場不僅有「水陸十年特展」文物攝影
作品等展出的紀念活動，更有傳達生命
教育的布袋戲、歌仔戲等寓教於樂的表
演活動。此次泰僧王特贈教團成功佛祈
求臺灣國泰平安，並盛大舉辦「成功佛
披袈裟、揭眼」儀式。法會中更為全球
SARS 事件罹難者以及世界各地暨臺灣
歷年種種天災人禍罹難之一切眾生設立
超薦牌位與超度。

● 2004

法會主題：感動與記憶

時間：2004.08.18～08.25

地點：桃園巨蛋體育館

帶領大眾感動生命的美好，記憶生命的無限，透過現場「靈鷲人的一天」照片展示，讓大眾感受接受佛法洗禮的靈鷲人日常生活所得到平靜和喜悅。法會為 2004 年臺灣自殺事件罹難之生靈以及在危險水域溺水罹難之生靈等眾設立超薦牌位，讓往生者得以超生極樂，而往生者的在世親友心靈得到平靜，祈願一切眾生都能超脫輪迴，離苦得樂。

● 2005

法會主題：喜歡生命・善待生命

時間：2005.08.10～08.17

地點：桃園巨蛋體育館

以「喜歡生命・善待生命」為主題，呼籲人們以積極、接納的態度來面對生命。在桃園縣政府舉行「喜歡生命志工臉譜」攝影展，表達對生命的尊重與崇敬。更首次從馬來西亞恭迎佛陀、五比丘、十大弟子、羅漢尊者等五十種最完整舍利子來臺展出。

法會中為 2005 年南亞海嘯罹難之亡靈等眾設立超薦牌位。而在水陸期間，教團獲斯里蘭卡國家代表致贈臺灣首株「斯里摩訶菩提樹」，由心道法師與斯里摩訶菩提寺住持斯瑞尼瓦薩（Ven Pallegama Siriniwasa Thero）共同舉行樹苗入金缽暫放儀式，開放民眾瞻仰、頂禮。

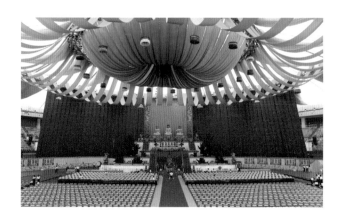

● 2006

法會主題：喜歡生命
時間：2006.07.26～08.02
地點：桃園巨蛋體育館

持續以「生命教育」為號召，與桃園縣社會局共同主辦生命禮俗見學團、愛的森林生命體驗、白米贊普等公益活動。法會中為印度尼西亞地震海嘯罹難之亡靈等眾以及為世界各地暨臺灣歷年種種天災人禍罹難之眾生設立超薦牌位。

此次法會規劃出「靈鷲山宗風特展區」，展示心道法師開山演教主張三乘合一的全球行腳故事。

● 2007

法會主題：真心和諧・友善地球
時間：2007.08.15～08.22
地點：桃園巨蛋體育館

關注心靈問題，倡導生態倫理。心道法師指示：現在社會有過多的資訊擾亂生活，為了給大眾平安與平靜的感受，特別持誦《一切如來心祕密全身舍利寶篋印陀羅尼經》，並以「五輪塔」為壇城背景設計的元素，希望在不安定的時代給大眾一個平安反思的共修空間，轉化心念意識，也帶動安定的磁場，讓社會產生互動，身體力行「真心和諧友善地球」。

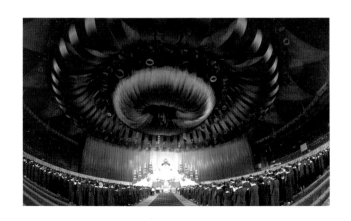

● 2008

法會主題：素食愛地球‧環保齋戒月

時間：2008.08.06～08.13

地點：桃園巨蛋體育館

以「愛地球九大生活主張」推動全民響應
社會倫理，倡導將水陸主要精神「齋戒」
與「懺悔」落實到日常生活。心道法師鼓
勵社會大眾從農曆七月起「素食愛地球」，
從孝親感恩、齋戒茹素、懺悔反省、行善
布施做起，讓人人都能生大慈悲心，令萬
物休養生息，使身心平衡，自然環境永續。
法會中更為緬甸百年風災、四川世紀大地
震往生者設立超薦牌位。

● 2009

法會主題：以寧靜療癒地球

時間：2009.08.19～08.26

地點：桃園巨蛋體育館

延續「愛地球九大生活主張」，心道法
師鼓勵社會大眾從農曆七月起「素食愛
地球」，從孝親感恩、齋戒茹素、懺悔
反省、行善布施做起，讓人人都能生大
慈悲心，令自然環境永續，以寧靜療癒
地球。並為臺灣八八水災罹難亡靈暨二
次大戰期間六百萬猶太亡靈等眾設立公
益超薦牌位，安靈祈福。

● 2010

法會主題：守護心靈・慈悲地球

時間：2010.07.28～08.04

地點：桃園巨蛋體育館

此次水陸法會啟建日適逢觀音成道日，期許藉著觀音成道日推廣「水陸慈悲日」，把水陸儀軌的功德與觀音信仰的力量結合，從信仰出發、淨化社會風氣，落實靈鷲山「守護心靈慈悲地球」的生活主張。而「以寧靜守護心靈，以素食慈悲地球」，亦是此年努力推展的目標。不論是因為宗教因素、健康因素還是環保因素，為了追求和諧、慈悲的生活基礎，期許大眾因為「對自己、對他人身心靈的守護」而有進一步的深思與覺醒。

● 2011

法會主題：百年安康・和諧地球

時間：2011.08.03～08.10

地點：桃園巨蛋體育館

從 2011 年年初起世界各地傳出災變，末日說甚囂塵上，三月間日本發生百年罕見的地震，心道法師發起勤念〈大悲咒〉迴向救地球。八月在桃園巨蛋體育館舉辦的靈鷲山水陸法會，則以「百年安康，和諧地球」為主題，延續心道法師悲憫救苦的本願，既超度告慰亡靈，也願地球祥和安康。

● 2012

法會主題：和諧慈悲‧地球平安

時間：2012.08.22～08.29

地點：桃園巨蛋體育館

此次法會於送聖佛事前，副總統吳敦義親臨內壇捻香供燈，一齊為臺灣安和進步而祈福。

心道法師在送聖開示中，感恩所有與會善信在七天中的精進圓滿，期勉大眾用堅定的道心克服自己的業力，並轉換自己六親眷屬的命運。心道法師表示：水陸法會的整體精神，就是謙卑的懺悔、真誠的面對，進而發菩提心，學習諸佛菩薩行菩薩道。

● 2013

法會主題：大普施

時間：2013.08.07～08.14

地點：桃園巨蛋體育館

靈鷲山自 1994 年啟建水陸法會以來，迄2013 年屆滿二十年，從無間斷。

2013 年 6 月，心道法師慈示並親書墨寶「大普施」作為靈鷲山水陸法會之主題，並作偈「普濟十方眾、施樂拔諸苦；齋戒入經藏，滌心大懺悔。」前二句指出水陸法會目的，後二句則說明參加水陸法會的方法。「大普施」一詞，濃縮了靈鷲山水陸法會「悲願、嚴謹、平等」的精神。

● 2014

法會主題：大普施
時間：2014.07.30～08.06
地點：桃園巨蛋體育館

延續 2013 年水陸法會以「大普施」主題，今年同樣著重在展現佛教「普度」精神，讓為期八天法會中所匯聚成千上萬的願力，以小向大，從小我到大我，祈願讓社會、甚至擴大到整個世界都能充滿愛與和平。

今年還有兩大精彩焦點：首先，特別禮請緬甸最勝法庫——三藏持者孫倫東達拉尊者蒞臨指導，不但為大眾講授「三藏經」和八關齋戒的由來，並且主持「正授八關齋戒」。其次，齋僧法會更首度恭請緬甸仰光全國上座部國立佛教巴利大學副校長鳩摩羅尊者主法。在兩大尊者的加持之下，讓整場水陸法會格外蓬蓽生輝且殊勝非凡！

● 2015

法會主題：素食愛地球
時間：2015.08.19～08.26
地點：桃園巨蛋體育館

今年水陸法會以「素食愛地球」為主要宗旨，鼓勵民眾將農曆七月當作齋戒月，藉由吃素來淨化身心，並祈願增福添慧；同時，一起用最實際且簡單的節能減碳行動來表達對地球環保的支持。為此，法會行前的記者會，桃園市市長鄭文燦先生也特別出席並給予肯定，認同吃素減碳對環境保護的意義。

同時，「愛心贊普」活動則幫助桃園地區慈善團體與中低收入戶，以實際行動展現菩薩的慈悲願行。此外，特別禮請緬甸仰光全國上座部國立佛教巴利大學校長鳩摩羅尊者蒞臨，並為與會善信主持「正授八關齋戒」，並以「滴水功德」儀式所造的善業功德來迴向給全世界，祈願眾生無災吉祥。

● 2016

法會主題：愛地球‧愛和平
時間：2016.08.03～08.10
地點：桃園巨蛋體育館

今年水陸法會以「愛地球‧愛和平」為核心精神，於是在啟建首日，特別與桃園地區諸宮廟合力舉辦「宗教聯合祈福會」，共同為世界祈福、共振善的能量。法會期間，心道法師於焉開示：「我從蓋世界宗教博物館開始，自然而然地向世界傳播和平，水陸法會一樣是在做轉化的工作，向六道推動和平；從無形的和平，到有形的和平，到生命和平大學，轉動整個世界多元共生的和平。」

● 2017

法會主題：日日齋戒心‧生活簡單過
時間：2017.09.06～09.13
地點：桃園巨蛋體育館

今年水陸法會於梁皇大壇灑淨儀式中，特別邀請緬甸仰光全國上座部佛教巴利大學校長鳩摩羅尊者主法「八關齋戒」授戒法事，並以巴利語帶領大眾誦讀乞受八戒、禮敬佛陀、三皈依、八戒等經文。

不僅如此，這次法會中尚有一件格外值得歡慶之事——心道法師實證心得《坐禪的力量》新書發表！雖然內容淺顯易懂，卻字字珠璣、發人深省，完整記錄心道法師學佛歷程，不但分享禪修之體悟心得，進而發起菩提大願，立志弘揚佛法，引領信眾一起踏上菩薩道。

● 2018

法會主題：觀音共會・宗教共願
時間：2018.08.08～08.15
地點：桃園巨蛋體育館

今年是靈鷲山水陸法會啟建第二十五周年慶，敬邀十八座觀音廟宇，偕同靈鷲山毗盧觀音，合計二十五尊觀音聖像於法會現場安座，祈請觀音菩薩降臨壇城，為所有信眾加持。更特別安排具有「見即解脫」功德的「金剛舞」，有緣親見即代表福德具足、障礙垢輕。

不僅如此，大會更禮請緬甸國家最高教育班智達大師僧伽法庭庭長及總祕書長班迪達比溫達大師、當今現任的藏傳寧瑪派第七任掌教教主格澤法王、緬甸國家撣邦省木姐西亞多督喀明達大師……等等，三乘高僧齊聚加持，帶來法喜祝福，為水陸法會二十五周年增添無上意義。

● 2019
法會主題：息災解厄
時間：2019.08.07～08.14
地點：桃園巨蛋體育館

今年水陸法會內壇法事特別禮請三位方丈共同主持，主任法師由江蘇省揚州市開元寺方丈聞諦法師擔任，正表法師則是無錫市君山寺方丈和融法師，以及副表法師為常州市天甯禪寺方丈廓慧法師，實屬難得、意義非凡。

而愛心贊普儀式則恭請心道法師主持，並由桃園市副市長游建華先生代表接受，募集到的物資有六萬兩千斤白米、四千多桶食用油，全數捐贈給弱勢團體，以及四千一百餘戶位在桃園市及新北市中需要協助之家庭。

● 2020
法會主題：信仰給力‧心靈免疫
時間：2020.12.09～12.16
地點：桃園巨蛋體育館

因應新冠疫情所造成的衝擊，今年水陸法會首度將內壇及梁皇大壇的各項佛事以虛實並進方式，透由現場直播來服務未能親至現場共修的海內外信眾。而南傳壇則由緬甸大學副校長 Dr. Ashin Kumuda 以遠端連線方式為信眾主持「滴水功德儀式」，同時帶領功德主共修《慈經》祈福。不僅如此，願力不減的還有每年海外功德主及願力委員們的「與師有約」活動，同樣透過視訊的方式進行，與心道法師在空中相會，讓菩薩道無遠弗屆。

● 2021

法會主題：安住本來・疫息心安～溯本源・回本心・行本願
時間：2021.08.20～09.10
地點：福隆總本山

2021 年水陸法會無畏艱難，不但首度回歸福隆總本山上下院，並以長達二十一天的閉關法會來呈現，展現求法與度眾的決心。因應線上共修方式，特別做出多項前所未有的規畫，讓千年的水陸法會突破傳統，走上雲端！不但有線上修學課程，還有禮請靈鷲山宗委法師們每日進行「晨間開示」與「善知識說法」等等，讓所有功德主更加趣入法教。

不僅如此，法會依舊如法如儀，南傳壇同樣禮請緬甸仰光全國上座部國立巴利大學校長鳩摩羅尊者、主任帝洛達巴比丘、曼德勒佛教巴利大學副校長烏古目達比丘等十一位比丘，在緬甸透過遠端連線方式來誦經祈福。此外，今年還設置三支與疫情相關的公益牌位，祈願疫情早日消弭。

● 2022

法會主題：和善共生・普利有情

時間：2022.08.03～08.17

地點：福隆總本山、靈鷲山全球據點

今年水陸法會可說是在全球各地開枝散葉！除了位在總本山的水陸道場之外，靈鷲山全球各地據點也都設置為水陸分場，包含：臺灣各講堂、香港、新加坡、吉隆坡、柔佛、泰國、紐約等，全部透過直播連線，同步進行「全球一心，虔誠獻供」儀式。不僅如此，還善用網路科技，在靈鷲山專屬之妙心摩尼寶 APP 上設置「水陸專區」，整合線上、線下活動，凝聚十方信眾善緣的連結。這是靈鷲山水陸法會二十九年來第一次重大的突破，跨越時間、空間的侷限，不僅依舊如法如儀，更賦予水陸祈福法會嶄新的面貌，寫下歷史新頁。

● 2023

法會主題：水陸30・生命和平就在
　　　　　慈悲行願間

時間：2023.08.16～08.23

地點：桃園巨蛋體育館

靈鷲山水陸法會 30 年，是所有靈鷲人同心共願的成果，延續開山住持心道法師的發願、信眾的心願、利益眾生的悲願；持續愛心贊普與公益牌位，將我們的愛心傳遞到世界每個角落。

我們是生命共同體，邀請有緣人來到水陸佛國，透過懺悔、讀經、供養、布施，實踐慈悲行願～共願、共善、共融，體驗身心清淨的共修法喜，讓生命大和解，同心成就生命和平的共善平台。

參考資料

● 參考書目

- 一般常見的佛教儀軌 / 嚴家同著，法光第 17 期，1991。

- 人物與儀軌 / 呂澂等著，木鐸出版，1987。

- 水陸法會 / 林子青著，中國佛教第 2 輯，1982。

- 水陸法會儀軌 / 洪錦淳著，文津出版，2010。

- 水陸法會窺探 / 真俗齋主著，僧伽雜誌，1997。

- 水陸法會簡述 / 祥雲著，獅子吼雜誌 27 期，1988。

- 水陸儀軌會本 / 白馬精舍印經會編，1993.08。

- 日常行事漫談 / 釋濟群著，閩南佛學院學報，1994.01。

- 中國古代寺院生活 / 王景琳著，陝西人民出版社，1991。

- 佛教水陸畫研究 / 戴曉雲著，中國社會科學出版社，2009。

- 佛教文化百問 / 何雲著，今日中國出版社，1989.04。

- 佛教的儀軌制度 / 佛教編譯館編，佛教出版社，1986。

- 佛教與中國文化 / 文史知識編輯室編，中華書局，1988。

- 佛教藝術百問 / 丁明夷、邢軍著，北京今日中國出版社，1989.06（1）；1992.06（2）。

- 盂蘭盆會 / 周叔迦著，中國佛教第 2 輯，1982。

- 盂蘭盆會的由來和發展 / 真禪著，洛陽佛教，1992.02。

- 盂蘭盆會是怎麼回事 / 用里著，佛教與中國文化期刊，1988.10。

- 盂蘭盆會談鬼 / 王淳隆著，佛教文化月刊第 20 期，1991.08.01。

- 從民間喪俗看佛教對中國文化的影響 / 梁曉虹著，法光第 58 期，1994.07。

- 訪禪得法師談瑜珈燄口 / 林興採訪整理，法光第 17 期，1991.02。

- 《瑜伽燄口施食要集》的傳本源流 / 林昭益著，法光第 73 期，法光雜誌編輯委員會，1995.10。

- 漫談佛教的「水陸法會」/ 果律著，香港佛教第 430 期，香港正覺蓮社，1996.03。

- 認識盂蘭盆會的意義 / 釋雲庵著，香港佛教第 291 期，香港正覺蓮社，1984.08。

- 臺灣佛教與現代社會 / 江燦騰著，東大圖書，1992。

- 論中元普渡起源於佛家的輪迴報應說 / 許玫嬌著，慧炬第 205 期，1981.07。

- 談談水陸法會 / 梅一笑著，香港佛教第 450 期，香港正覺蓮社，1997.11。

- 寶寧寺明代水陸畫 / 山西省博物館編，河北文物出版社，1988。

- 普濟幽冥：瑜伽焰口施食 / 陳省身著，台灣書房出版有限公司，2009.04。

- 水陸法會超薦美學微物之神 / 呂政達著，有緣人 262 期，2018.09。

● 參考網站

- 中國傳統文化網 http://www.cnwciculturc.com/Culturc/culturc.htm

- 佛光大辭典 http://www.muni-buddha.com.tw/buddhism/025.htm

- 靈鷲山全球資訊網 http://www.093.org.tw

- 靈鷲山水陸空大法會官網 https://www.093shuilu.org/

時間與空間的旅行

法界聖凡 水陸普度 大齋勝會

總 監 修　心道法師
法儀監審　戒德老和尚、真聞法師、如乘法師
統　　籌　釋了意

初版編撰　釋法泰
編　　著　靈鷲山水陸研究編纂小組
校　　對　陳奕誠
美術設計　蔡明娟
圖文資料　靈鷲山文獻中心

發 行 人　周美琴
出版發行　財團法人靈鷲山般若文教基金會附設出版社
劃撥帳戶　財團法人靈鷲山般若文教基金會附設出版社
劃撥帳號　18887793
地　　址　23444 新北市永和區保生路 2 號 21 樓
電　　話　(02)2232-1008
傳　　真　(02)2232-1010
網　　址　www.093books.com.tw
讀者信箱　books@ljm.org.tw
法律顧問　永然聯合法律事務所
印　　刷　國宣印刷企業股份有限公司
五版一刷　2023 年 8 月
定　　價　新臺幣 500 元
Ｉ Ｓ Ｂ Ｎ　978-626-96103-4-1

感謝

本書自二○○一年八月初版至今歷經多次改版，期間承蒙法師、學者專家的審校與寶貴意見，礙於篇幅無法一一列名，在此一併致上最深謝意。

國家圖書館出版品預行編目 (CIP) 資料

時間與空間的旅行：法界聖凡水陸普度大齋勝會
/ 靈鷲山水陸研究編纂小組編著 . -- 五版 . --
新北市 : 財團法人靈鷲山般若文教基金會附設
出版社 , 2023.08
面；　公分
ISBN 978-626-96103-4-1(平裝)

1. 佛教法會

224.12　　　　　　　　　　　　　112012829